KB119236

군주의 남자들

삼국지 영웅 조직처세술

나남
nanam

나남신서 1969

군주의 남자들

삼국지 영웅 조직처세술

2018년 6월 25일 발행
2018년 6월 25일 1쇄

지은이   양선희
발행자   趙相浩
발행처   ㈜ 나남
주소   10881 경기도 파주시 회동길 193
전화   (031) 955-4601 (代)
FAX   (031) 955-4555
등록   제 1-71호 (1979.5.12)
홈페이지   http://www.nanam.net
전자우편   post@nanam.net

ISBN 978-89-300-8969-2
ISBN 978-89-300-8655-4 (세트)

나남신서 1969

군주의 남자들

삼국지 영웅 조직처세술

양선희 지음

모름지기 오너(owner)로 태어나지 않은 다음에야 '팔로어십'(fol-
lowership, 신하의 처세)에서 성공해야 어떤 분야의 리더가 되든 살
아남든 하는 법이다. 그런데 세상은 리더십에 대한 연구와 이야기
로 뒤덮이고, 그 자리에 오르기까지 거쳐야 하는 팔로어십은 무시
되기 일쑤다. 무엇이 신하의 처세 혹은 팔로어십을 기술하는 것을
어렵게 할까. 그 이유는 아마 이런 것일 듯하다.

　신하의 처세는 리더십처럼 화려하고 통쾌하지 않다. 제갈량(諸
葛亮)의 리더십은 감동과 감탄을 불러일으키나 신하로서 그의 처
세는 실로 낮고 복잡하다. 한 예로 3차 기산(祁山) 진출 당시 거의
장안(長安)을 코앞에 둔 그는 대업을 성취하기 직전에 왕의 부름
때문에 그대로 군사를 되돌려야 했다.

한편 변방의 장수 동탁(董卓)을 승상의 자리에 올린 데에는 모사 이유(李儒)의 공이 컸다. 그는 판단에 실수가 없고, 책략이 대담했다. 그러나 이유는 동탁이라는 무도한 폭군을 만남으로써 함께 몰락의 길로 간다.

이렇게 일의 성사는 자기의지보다 타자, 즉 군주의 의지에 의해 좌우된다. 자신의 실력도 실력이지만 어떤 군주를 만나느냐에 따라 그의 인생과 명예와 이름에 대한 대가가 달라진다. 제갈량이 조조의 휘하로 들어갔다면, 아마도 그는 위(魏)의 수많은 학사나 행정 관료의 한 사람으로 남았을지도 모른다.

실로 신하의 제일원칙은 자신과 시너지를 낼 수 있는 주인을 만나는 것이다. 또 신하의 성취는 주군만이 아니더라도 늘 방해받고 견제받는다. 성취가 높은 동료를 방해하는 수많은 동료들의 질투와 견제 때문에 일은 뒤엉키기 일쑤다.

신하의 처세는 이처럼 변화무쌍하며, 외적인 요소에 많은 영향을 받고 흔들린다. 이 조직에선 성공적인 사람이 저 조직에 가면 바보가 되는 일도 흔히 일어난다. 이 때문에 일반화하기 어렵다.

그럼에도 불구하고, 조직에서의 팔로어십은 탐구해 볼 가치가 있다. 99%의 보통 사람들과 위대한 길을 갔던 사람들의 인생 성패가 바로 여기에서 결정되기 때문이다.

소설《여류(餘流) 삼국지》를 쓸 때 그 안에서 벌어지는 수많은 신하들의 인생과 그들의 개성과 처세, 환경에 따라 달라지는 모습을 다루면서 무엇이 신하를 위대하게 하고, 또 파멸하게 만드는지 많은 생각을 하게 되었다. 이에 따라 내가 소설을 쓰면서 고민하고 생각했던 내용들을 정리해 볼 필요가 있었다.

이 책은 소설을 쓰면서 탐구했던 인물들에 대한 나의 해석과 그들의 팔로어십을 살펴본 것이다.

그렇잖아도《삼국지》는 리더십과 권모술수 연구의 보고이며, 땅을 차지하려는 영웅들의 무용담뿐 아니라 그들을 둘러싸고 공명(功名)을 추구했던 책사와 장수들의 치열한 성공담과 실패담을 담고 있다.

《삼국지》가 매력적인 점은 인간들의 공(公)적인 삶에 집중하고 있다는 것이다. 대부분의 다른 소설은 주인공을 둘러싼 연애담, 성장배경, 사적 고민 등 사적인 영역과 얽혀 돌아가는 스토리에 많은 부분을 할애하지만《삼국지》에는 이런 사적 영역이 배제돼 있다. 그러므로 조직에서의 공적 처세를 들여다보고 분석하기엔 안성맞춤이다.

영웅과 리더의 관점에서 분석하면 《삼국지》의 주인공을 몇 명 꼽을 수 있다. 그러나 신하의 처세로 들여다보면 각각의 인물이 모두 주인공이 된다. 이 소설엔 조직을 구성하는 3대 인간형인 군주형·모사형·장수형 인물들이 500명도 넘게 등장한다. 이들은 전쟁터에서의 전투뿐 아니라 저마다의 조직에서 살아남기 위한 처절한 생존경쟁을 벌인다. 《삼국지》에 등장하는 위(魏)·촉(蜀)·오(吳) 삼국(조직)에서 경쟁하는 신하들의 성공담과 실패담을 토대로 나의 30여 년 조직생활 경험과 그 속에서 관찰한 바를 보태 '신하 혹은 조직원으로 산다는 것'에 대한 생각과 고민을 나누고 싶어 이글을 썼다.

장편소설 《카페 만우절》과 《적우(敵友): 한비자와 진시황》에 이어 또 나남출판사와 인연을 맺게 되었다. 문학과 역사를 보는 눈이 날카로운 조상호 나남 회장님과 편집진께 감사드린다.

2018년 4월

양선희

군주의 남자들

삼국지 영웅 조직처세술

차례

5. 주군보다 빛난 유아독존형

1

막강한 2인자

제갈량
사마의

신하로서 몸을 일으켜 군주를 능가하는 권력과 권위를 차지하는 2인자들이
있다. 이들은 자신의 의지와 능력에 더해 탁월한 처세술(處世術)과 천운(天
運)까지 타고난 남다름을 보여준다. 천운은 사람이 어찌할 수 없는 일. 하나
자신의 운을 시험하기 위해서 사람이 할 수 있는 일은 오직 준비하고 기다리
는 것이다. 준비돼 있지 않으면 기회조차 잡을 수 없기 때문이다. 막강한 2인
자들의 자질과 처세와 경쟁력은 어떤 것이었는지 따라가 보는 것은 그래서
의미가 있다.

제갈량

諸葛亮

떠돌이 영웅을 황제로 만든 책사계의 지존

제갈량(諸葛亮, 184~234)

- **자**   공명(孔明)
- **시호**   충무후(忠武侯)
- **도호**   와룡선생(臥龍先生)
- **소속**   촉한, 유비
- **출신**   낭야군 양도현(瑯琊郡 陽都縣, 오늘날의 산둥성 이난현)의 호족 출신.
   일찍이 아버지를 여의고 숙부 제갈현(諸葛玄)을 따라
   형주(荊州, 오늘날의 후베이성)에서 살면서 남양 융중에서 농사를 짓는다.
- **출사**   207년 형주에 객장으로 와 있던 유비의 삼고초려(三顧草廬) 끝에
   유비 밑으로 출사하여 군사(軍師)가 되고,
   221년 한나라의 멸망을 계기로 유비가 제위에 오르자 촉한의 승상이 된다.
- **사망**   234년 북벌 당시 오장원(五丈原)에서 사마의와 대치하던 중 병사한다.

鞠躬盡力 死而後已
몸을 낮추고 온 힘을 기울이니
죽어서야 끝이 나리라

"앞으로 태자를 도울 만하거든 돕되, 태자가 그만한 그릇이 못 되거든 그대 스스로 성도의 주인이 되어 대업을 이뤄 주기 바라오."

촉한(蜀漢)의 황제 유비(劉備)는 제갈량에게 이렇게 유언한다. 오(吳)나라 손권(孫權)과의 전쟁에서 패하고 백제성(白帝城)에서 죽음이 목전에 이르렀을 때였다. 이 말에 제갈량은 이마를 바닥에 찧어 피를 흘리고 눈물을 쏟으며 말한다.

"고굉지신(股肱之臣, 임금이 가장 신임하는 신하)으로서 신(臣)은 죽기로써 대를 이어 충절을 바치고 애쓸 것이옵니다."

유비가 죽은 후 촉한은 오직 제갈량 한 사람만을 쳐다보고 있었다. 그의 권위와 권력은 황제를 넘어설 만큼 막강하였다. 제갈량이 마음만 먹었다면 황제의 자리에 오를 수 있는 여건이 모두 갖춰져 있었다.

우선 유비의 뒤를 이어 촉한의 황제에 오른 유선(劉禪)은 당시

열일곱 살에 불과했고, 유비의 아들로 태어난 걸 빼놓고는 아무런 경쟁력도 없는 사람이었다. 그는 실로 삼국시대 군주 중 가장 어리석고 아둔한 인물로 꼽힌다.

반면, 제갈량은 유비가 집도 절도 없이 떠돌던 시절에 책사로 합류해 손권에게서 형주(荊州)를 빌리고, 유장(劉璋)에게서 익주(益州)를 빼앗고, 조조(曹操)에게서 한중(漢中)을 아울러 끝내 떠돌이 영웅 유비로 하여금 한(漢)의 대통을 잇는 명분을 만들어 황제에까지 올린 최고의 능력자였다. 게다가 "성도의 주인이 돼라"는 선황제의 유언까지 받았다.

그럼에도 불구하고 제갈량은 군주의 자리를 넘보지 않았고, 죽는 순간까지 어리숙한 황제를 받드는 일에 소홀함이 없었으며, 끝내 자신을 알아봐 준 유비의 지우지은(知遇之恩, 자신을 알아봐 주고 잘 대우해 준 은혜)에 대한 의리를 지키고, 유비의 임종 시 했던 자신의 약속을 지켰다.

역사상 그토록 강력한 위치에 올랐음에도 불구하고 그처럼 신하로서의 정체성을 확실히 인식하여 자기 자리를 지켰을 뿐 아니라, 부귀영화도 편히 누리지 않고 병들어 죽는 그 순간까지 신하로서 길바닥 잠을 자처했던 사례는 찾아보기 힘들다.

나중에 위(魏)황제 조예(曹叡)가 죽기 직전에 사마의(司馬懿)에게 자신의 아들 조방(曹芳)을 부탁하면서 이런 유언을 남겼을 정도였다.

"지난날 유현덕이 백제성에서 병이 위중하여 어린 아들 유선을 제갈공명에게 부탁하니, 공명은 죽을 때까지 그 뜻을 받들어 충성을 다했소. 변방의 소국에서도 이러했거늘, 우리 같은 대국에서야 더 말해 무엇하겠소."

원래 조직에서 어느 정도 성공하려면 기본적으로 능력과 충성심을 동시에 갖춰야 한다. 그런데 능력과 충성심이 빼어나도 처세술까지 갖추는 일은 쉬운 게 아니다.

대개 사심 없이 능력이 출중한 자들 중에는 태도가 뻣뻣하고 제멋대로인 사람이 많다. 물론 그렇더라도 이런 사람들은 뛰어난 능력 때문에 조직에서 꽤 오래가긴 하지만 결정적 자리까지 오르기는 힘들다. 왕도 두려워하고 동료들도 가만 놔두지 않기 때문이다. 태도를 문제 삼아 공격하려는 이들은 도처에서 번호표를 뽑고 기다릴 정도로 넘친다.

신하로서의 지존(至尊) 자리에까지 오르려면 능력과 충성심보다 태도와 처세가 더 중요한 게 보통 조직의 생리다.

제갈량이 남다르게 위대했던 점은 뛰어난 능력과 사심 없는 충성심에다 처세까지 완벽했다는 점이다. 책략가로서, 리더로서 제갈량의 경쟁력은 더 말을 보탤 필요도 없지만 신하로서 그의 처세 또한 족탈불급(足脫不及, 맨발로 뛰어 따라가려 해도 미치지 못할 만큼 뛰어나다)이었다. 실제로 그처럼 막강한 위치에서 더 윗자리를 지향하지 않는 행동은 인간세상에선 상당한 위화감을 느끼게 하는 일이다. 인간적인 심사에서 보자면 조조나 사마의(司馬懿)와 같은 심보, 찬탈의 빌미를 찾아 주인을 바꾸려는 마음을 품는 것이 자연스럽다.

더욱이, 후한(後漢) 말에 유(劉)씨의 '한실(漢室) 부흥'을 외쳤던 수많은 사람들이 있었지만 '한실 부흥'을 위해 진정으로 한결같이 몸 바친 이는 제갈량이 유일했다. 이런 점 때문에《삼국지》는 제목을 '제갈량 이야기'로 바꾸어도 크게 손색이 없을 정도로 그의 비중이 막강하다.

어쩌면 보통 인간이 도달하는 경지와는 다른 길을 걸었던 그의 이 같은 특징이 삼국 중 가장 작은 나라의 재상이었던 그로 하여금 천 년이 넘도록 역사상 가장 뛰어난 재상 중 한 사람으로, 그리고 《삼국지》의 진정한 주인공으로 꼽히게 하는 이유일 것이다.

오직 신하로 살다가 신하로 죽은, 황제보다 막강했던 2인자의 '신하로서의 처세'는 그래서 한번 살펴볼 만하다. 위대한 신하의 이야기는 위대한 정복자의 이야기보다 더 심금을 울리는 구석이 있다.

제갈량은 유비가 삼고초려(三顧草廬)하여 모셔오기 전에도 워낙 천하기재(天下奇才)로 꼽히던 터였다. 그래서 그의 신하로서의 출발점은 보통 사람들과는 많이 달랐다. 그리고 그가 신하로서 사는 전략도 남다른 구석이 있었다. 바로 다음과 같은 점들이다.

첫째, 실로 신하로서 성공하기 위해 가장 중요한 전략은 자신과 시너지를 낼 수 있는 주군을 제대로 만나는 것이다. 요즘 말로 하자면, 일할 기업을 제대로 찾는 일, 더 나아가 경쟁력 있는 오너가 이끄는 기업을 찾는 것이다. 신하로 출발하는 모든 사람은 이 제일 원칙을 폐부에 새겨 놓아야 한다.

유비와의 만남은 제갈량이 위대한 신하로 가는 첫걸음을 제대로 떼게 한 사건이었다. 유비에 대해선 여러 평가가 있다. 하지만 나는 유비가 리더로서 부하들의 능력을 최대한 끌어내며, 그들을 빛내주고, 질투하지 않았던 점에서 가장 만나고 싶은 오너, 가장 이상적인 리더였다고 생각한다. 그의 수어지교(水魚之交) 리더십, 즉 신하들이 물고기처럼 마음껏 헤엄칠 수 있도록 큰물이 되고자 하는 리더야말로 가장 만나고 싶은 리더십이다.

배송지(裴松之)의 《삼국지》 주석에선 오나라의 가장 큰 신하였던 장소(張昭)가 제갈량을 오주 손권에게 추천했지만 제갈량이 거절했다는 대목이 나온다. 제갈량은 "손권의 도량을 보면 내 재능을 인정할 수는 있어도 충분히 펼치게 할 수는 없다"며 거절 이유를 밝힌다. 실제로 손권은 그 자신이 똑똑하고 개성이 강했다.

또한 장인 황승언(黃承彦)이 당시 형주(荊州)태수였던 유표(劉表)와 동서지간이었기에, 제갈량은 처가를 통해 형양(형주와 양양)의 막강한 인맥과 닿아 있었다. 그 자신도 형양 지역에서 워낙 유명한 선비였기 때문에 원하기만 하면 유표 정부에서도 요직을 차지할 수 있었을 것이다. 그러나 유표 밑으로 출사하지 않고, 심심산골 융중(隆中)에 틀어박혀 농사를 지으며 때를 기다렸다.

그리고 천하의 유비가 찾아왔을 때에도, 자신의 융중 초려를 세 차례나 방문한 뒤에야 얼굴을 내밀었을 만큼 도도하게 '밀당'을 한다. 세 번째로 찾아온 유비를 낮잠을 잔다는 핑계로 반나절이나 기다리게 했을 정도였다. 물론 소설에서의 묘사이다. 실제로 유비쯤 되는 유명인사를 낮잠 때문에 세워 놓는 건 배짱이라기보다는 무례한 일일 것이다.

제갈량은 평소 자신을 춘추전국시대의 유명한 재상인 관중(管仲)과 명장 악의(樂毅)에 비유했다고 한다. 적당히 관리로 출발해 사는 게 아니라 킹메이커이자 패자(覇者)의 신하가 되겠다는 뜻을 분명히 한 것이다. 그러므로 그에겐 누가 주군이 되느냐가 중요했다. 최소한 군왕의 자질을 갖춘 주인이어야 했다.

제갈량의 출사(出仕) 과정에서 가장 상징적인 문구는 그가 유비를 만나 처음으로 던진 말이었다. 바로 "먼저 장군은 어떤 뜻을 세우셨습니까?"라는 질문이었다. 말하자면 직원이 회장의 면접을 본 것이다. 자신이 따를 수 있는, 자신과 뜻이 맞는 주인을 골랐던 그의 태도가 엿보이는 대목이다.

그리고 유비의 대답을 다 듣고 나서야 그는 자신이 마음에 품었던 '천하삼분지계'(天下三分之計)를 펼쳐 보인다. 이는 중국 역사에서도 최고의 책략 중 하나로 꼽히는 계책이다.

제갈량은 자신보다도 스무 살이나 많은 유비가 책략에 감격하여 눈물을 흘리며 절을 하고, 자신을 도와 달라고 울면서 청하자 비로소 몸을 일으킨다. 제갈량이 자신의 계책에 감격해 울음을 터뜨리는 주군이야말로 자신이 마음껏 날개를 펼 수 있는 대지가 될 것이라고 믿었기 때문이었는지, 아니면 '유비의 강산은 울어서 얻은 것'이라는 속담도 있을 정도로 도통한 경지에 오른 유비표 '울음 경쟁력'이 얻어낸 승리였는지는 알 수 없다.

어쨌든 그는 유표에게 의탁해 신야(新野)라는 궁핍한 촌구석에서 객장을 하는 유비의 신하가 된다. 요즘으로 치자면, 울트라 S급 인재가 재벌 대기업을 마다한 채, 핵심기술도 없고 주인의 명성만 드높아 조조 같은 감당 안 되는 적에 둘러싸인, 미래가 불투명한 중소기업을 선택한 것이다. 그러나 이 선택으로 그는 유비 진영엔 없던 자신의 핵심역량을 투입해 기존의 조직과 합쳐 최고의 시너지를 올리는 인생을 살게 된다.

자기의 기량을 충분히 펼 수 있는 주인을 만나는 것, 그것이 신하로서 제갈량이 성공할 수 있었던 첫 번째 비결이었다.

둘째로, 복종과 충성의 경쟁력도 궁극의 경지였다.

신하가 된 후 제갈량은 철저하게 군주의 눈높이에 자신을 맞추고, 군주를 거역하지 않으면서도 오직 반보 앞에서 끌고 간다. 그러면서도 언제나 자신이 계획한 길로 이끌어 가 끝내 성취해 낸다.

유비는 때때로 남들 보기에도 어처구니없는 짓을 많이 했지만, 제갈량은 한순간도 유비를 비판하거나 우격다짐하지 않았다. 대신 그 상황에서 최선의 길을 찾는 한편, 원래의 목표에서도 결코 벗어나지 않는 탁월한 능력을 보여 주었다.

사실 유비는 '착한 유비 콤플렉스'에 사로잡혀 온갖 속 터지는 짓을 다했다.

제갈량은 융중의 초려에서부터 천하를 삼분하여 정족지세(鼎足之勢)를 이루는 방법만이 유비가 자기 땅을 가지고 천하를 호령하며 망해 가는 한실(漢室)을 붙들 수 있는 유일한 길이라고 주장했다. 그리고 유비가 취해야 할 땅으로 유표의 땅인 형주, 유장의 땅인 익주를 꼭 집어 지목했다. 이에 유비는 울면서 '꿈이 이루어지게 해 달라'고 통사정했다.

그런데 당시 유비는 유표 밑에서 객장(客將)으로 있었고, 유표는 병들어 후계를 걱정하던 중이었다. 그리고 후처소생의 유종이 아닌 전처소생의 장남 유기로 후사를 잇고 유비에게 그 뒤를 봐 달라고 부탁까지 했다.

이에 제갈량은 유비에게 위기에 빠진 형주를 취할 것을 권한다.

그러나 유비는 "같은 종친의 땅을 뺏을 수 없다"고 우기다 결국은 유표 후처 일당의 계략으로 유종이 형주의 주인이 되어 곧바로 조조에게 땅을 들어 바치는 일을 당하고야 만다.

그로 인하여 유비 집단은 오갈 데 없는 처지로 내몰리며 최대의 위기를 맞게 된다. 유비는 형주로 쳐들어온 조조에게 쫓겨 강릉(江陵)으로 피란가면서 10만 명이나 되는 피란 백성을 데리고 가다가 당양(當陽) 장판파(長板坡)에 이르러 조조군에게 박살이 난다. 그 결과 이제는 정말 오갈 데 없는 처지가 된 것이다.

이때 유비는 제갈량이 제시하는 최선의 방책을 듣지 않았고, 실리적인 선택을 하지 못했다. 그런데도 제갈량은 유비가 싫다는 일은 추진하지도, 강요하지도 않았다.

그는 형주를 취할 수 있는 절호의 기회를 놓치면서도 유비의 뜻을 따랐다. 먼저 강릉으로 가라는 청을 거절하는 유비를 위해 원병을 청하라며 관우(關羽)를 공자 유기에게 보내고, 자신도 원병을 청하기 위해 달려갔을 뿐이다. 또 오갈 데 없게 된 유비를 위해 동오(東吳)의 손권에게로 달려가 협상을 벌여 연합군으로 끌어들이는 등 군말 없이 유비가 어질러 놓은 상황을 정리하고 수습한다.

제갈량의 진정한 경쟁력은 상황을 단지 수습하는 것만으로 끝내지 않고, 위기를 기회로 살려내 역전을 이룬 기술이다. 그는 적벽오병(赤壁鏖兵)으로 조조와 손권의 군사들이 치열한 일전을 벌이는 동안 자신의 장수들을 풀어 말과 병기 등 전리품을 챙겨 비어 있는 창고를 채웠다. 또, 주유(周瑜)가 이겨 놓은 남군(南郡)을 가로채고 형주와 양양(襄陽) 등 주요 고을을 차고 들어가 유비를 성의 제일 윗자리에 앉혀 버려 동오의 주유와 손권의 속을 뒤집어 버린다.

제갈량은 주군의 이익이 되는 일에 대해선 도덕적인 갈등조차 하지 않았다. 제갈량에게 생각과 판단의 원천 그리고 모든 질서의 중심은 오직 주군의 이익이었다. 그래서 때로 개인의 관계와 체면, 도덕 같은 것은 애당초 없는 물건 취급을 하기도 했다.

그는 익주(翼州, 서천)를 얻는 데 공헌한 일등 공신, 유비의 또 다른 절대모사였던 방통(龐統)과는 친한 친구 사이였다. 그는 방통을 유비에게 천거하기도 했다. 그런 방통이 서천(西川)에서 전사한 것을 예감하였을 때, 그는 슬피 울면서 이렇게 말한다.

"우리 주군께서 오른팔을 잃으셨구나!"

그에게 방통은 자신의 친구이기 이전에 주군의 오른팔로 의미가 있었던 것이다.

또 유비가 서천을 차지한 후, 동오의 손권은 "이제 형주를 돌려달라"며 제갈량의 형인 제갈근을 사자(使者)로 보낸다. 그러나 제갈량은 유비와 짜고, 마치 돌려줄 듯하면서 돌려주지 않는 연극을 벌인다. 그리고 이를 형이 눈치채면 다시 서천으로 돌아올 것을 예견하고, 자신은 지방순찰을 핑계로 성도를 떠나 버린다. 물론 이는 현대적 관점에서는 문제가 다분한 처세술이지만, 절대군주주의가 지배했던 당시의 중국에서는 경쟁력 있는 방식이었다.

　　제갈량은 비정한 일에도 기꺼이 참여한다. 관우가 동오 손권의 손에 죽임을 당한 뒤, 유비가 이를 구원하러 가지 않았던 양자 유봉(劉封)을 죽이려 하자 말리지 않을 뿐 아니라 죽일 수 있는 계책까지 일러 준다. 후세 사람들은 이를 두고, 유봉이 살아 있을 경우 유비의 후사를 잇는 데에 걸림돌이 될 것 같아 제갈량이 미리 제거한 것이라는 해석도 내놓는다.

　　이와 같은 제갈량의 '주군 절대주의'는 방통과도 다른 것이었다. 방통은 익주로 들어간 이후 그 땅을 얻기 위해, 유비가 극구 말리는데도 유장을 죽일 음모를 꾸며 일단 실행에 들어간다. 나중에 유비가 이를 알고 꾸짖자 크게 한숨을 내쉰다. 또 부수관(涪水關)을 얻고 기뻐하는 유비를 향해 일침을 놓기도 한다.

"종친의 땅을 빼앗고 즐거워하는 것은 어진 사람이 할 일이 아닙니다."

방통은 주군 유비를 대함에 있어서도 여전히 강한 자아를 유지하며 원칙론을 들먹인 데 비해, 제갈량은 유비와의 관계에 있어서 언제나 '절대주군'의 원칙을 깨지 않는다.

셋째, 그렇다고 제갈량이 단순한 '예스맨'은 아니었다. 그는 조직 내에서 자기 자리를 만들 줄 알았다.

대부분의 예스맨은 앞에서 주군의 눈을 속이는 한편으로는 뒷구멍으로 사리를 챙기고, 다음 자리를 노리며 수작을 부린다. 조직 내에서 자기 자리를 만드는 사람들은 상사나 동료, 유능한 인재들의 뒤통수를 쳐서 억울한 인물들을 만들기 십상이다. 그에 비해 제갈량은 주군에게 당당하게 요구하였고, 계략을 쓸 때도 주군에게 알리고 자기 자리를 만들었다. 이는 오늘날에도 여전히 크게 성공하는 좋은 2인자들이 갖추는 전략이며 경쟁력이다.

제갈량은 융중 초려로 찾아온 유비에게 천하삼분책을 건의한 뒤, 당시의 형세를 설명하고 구체적인 계책을 논하며 말한다.

"북쪽은 천시(天時)를 얻은 조조에게, 남쪽은 지리(地利)를 손에 넣은 손권에게 양보하십시오."

현덕은 두 사람이 천시와 지리를 얻었다는 말에 한숨을 쉬며 신세한탄을 한다. 이때 제갈량은 말한다.

"장군께서는 그들이 얻지 못한 인화(人和)를 이미 얻었습니다. 셋은 가히 패업(霸業)을 달성하는 기본 요소라 하겠으며 그 셋 중 어느 하나를 얻는 것도 쉽지 않습니다."

그는 주군인 유비가 미처 깨닫지 못한 유비의 핵심역량을 일깨워 주고, 그 역량을 바탕으로 성취해야 할 구체적인 계책을 일러 줌으로써 유비의 마음에 '이 사람이 아니면 안 된다'는 확신을 심는다. 바로 유비가 천금을 주고도 스카우트할 수밖에 없는 환경을 제갈량 스스로 만들어 낸 것이다.

또 그는 주군과 신하가 모두 형님, 아우님 하는 1차적 공동체성격이 강한 유비의 집단에서, 더욱이 나이로 치자면 아버지뻘 되는 유비·관우·장비 삼형제 사이에서 유비의 아랫자리, 다른 사람들의 윗자리에 자기 자리를 확보한다.

관우와 장비는 내내 제갈량을 못마땅해 한다. 나이도 젊고 허우대도 훤칠하고 다소 까칠한 그를 큰형님인 유비가 스승 모시듯 하는 것을 못마땅해 하는 기색은 여기저기에서 표출된다.

막강한 2인자

그러다 드디어 조조의 맹장 하후돈(夏侯惇)이 명을 받아 10만 대군을 거느리고 신야로 출병한다. 박망파(博望坡) 전투다.

　　이때까지 1차 공동체 같은 집단을 꾸리는 데 이골이 난 유비는 제갈량을 모셔와 놓고도 실질적인 권한을 부여하지는 않았던 것 같다. 공명을 그저 선생으로 모실 뿐 공적으로 자리를 만들어 준 것도 아니었으니, 애매한 1차 집단의 스승 정도로 섞어 놓은 상태였던 것이다.

　　전쟁이 일어난다고 하자 유비는 먼저 관우와 장비를 불러 의논한다. 그러자 이들이 "공명에게 시켜 보라"고 삐죽거린다. 이에 유비는 아우들을 달래고 다시 제갈량을 불러들여 상의한다.

　　제갈량은 이 틈을 놓치지 않는다. 그는 이 절체절명의 위기상황에서 유비에게 모든 군사 통솔권을 자신에게 일임하라고 요구한다. 그리고 유비의 칼과 도장을 받아 이를 앞에 세워 두고 모든 장수들에게 자신의 이름으로 명령한다. 이에 관우와 장비가 비아냥거리자 "명령을 어기는 자는 누구라도 목을 벨 것"이라고 엄포를 놓는다. 그리고 자신의 전략으로 박망파 전투에서 대승을 거둔다.

　　많은 《삼국지》 해설서가 박망파 전투는 유비가 제갈량을 영입하기 전에 벌어졌다고 주장한다. 그러나 이 박망파 전투가 실제로는 어찌 되었건, 그가 이 1차적 공동체 같은 집단에서 삼촌이나 아버지뻘 되는 장수들을 꼼짝 못 하게 자기 휘하에 두고 명령을 내리는 체계를 잡았다는 것은 분명하다.

물론 당시 문관과 무관의 신분 차는 실로 큰 것이어서 무관이 문관의 지휘를 받는 것을 자연스럽게 받아들이는 사회적 분위기가 형성돼 있었다. 하지만 어쨌든 유비의 조직은 아주 독특한 1차적 공동체였기에, 제갈량이 나름의 방식으로 모든 용병의 권한을 장악하고 자신의 자리를 확고히 했다는 점은 나름의 분투를 거친 결과라고 볼 수 있다.

이 세력의 2인자였던 관우와의 경쟁관계는 그 후에도 얼핏 보인다. 한 예로 적벽(赤壁)싸움 당시 용병을 하며, 제갈량은 관우를 제외하려고 한다. 이유를 묻는 관우에게 그는 조조를 잡아야 할 마지막 관문인 화용도(華容道)에 보내려 하였으나 관우가 조조의 은혜를 기억하여 놔줄지도 모르기 때문이라고 대답하며 관우를 격동시킨다.

결국 관우는 군령장까지 쓰고 화용도로 출정하지만, 제갈량의 진짜 속셈은 화용도에서 조조를 살려 보낼 사람으로 관우를 낙점했던 것이다. 집도 절도 없는 유비에게 땅을 마련해 주려면 손권에게서 빼앗아야 한다. 그러기 위해서는 뒤에서 조조가 버티고 있어 주어야 한다고 이미 계책이 서 있던 터였다. 그러면서도 그는 군령장을 받아 관우의 기를 죽이고, 의협심 강한 관우가 조조에게 진 빚을 청산하도록 하여 유비를 위해 완벽히 준비된 장수가 되도록 하는 동시에, 자신이 관우 앞에서 확실한 경쟁우위를 얻을 수 있도록 책략을 짠 것이다.

당시 유비가 "관우는 의기(義氣) 때문에 조조를 놔줄 것"이라고 걱정하자, 제갈량은 "천문을 보니 조조는 아직 죽을 운이 아닌지라 관우에게 은혜를 갚고 마음의 빚을 청산할 기회를 주는 것"이라고 대답했다. 어쨌든 그는 관우를 궁지에 몰아 자기 자리를 굳히는 동시에, 이후 관우가 조조를 칠 수 있도록 부채(負債)까지 확실히 청산하는 실리도 챙겼다.

제갈량의 또 다른 핵심 경쟁력은 바로 그런 2인자의 자리에 있으면서도 권력을 남용하거나 경쟁자를 핍박하지 않고 사리사욕을 챙기지 않았다는 점이다.

한 예로 익주(益州)를 얻는 데 일등공신이 된 원래 촉 땅의 모사 법정(法正)을 처리한 일을 들 수 있다. 법정은 유비가 촉을 정벌한 후 촉군 태수에 오르며 신정부 개국공신으로 기세를 올렸다. 그런데 그는 사소하고 개인적인 은혜를 잊지 않고 갚는 한편, 작은 원한도 참지 않고 보복하는, 참으로 찌질한 보통 사내였다. 이에 누군가 공명에게 이 같은 법정의 횡포를 고하며 경계하라고 일러 준다. 그에게 공명이 말한다.

"지난날 우리 주공께서 어렵게 형주를 지키면서 북으로는 조조를 막고 동으로는 손권을 꺼리시다가, 마침내 법정의 도움으로 몸을 일으켜 날개를 활짝 펴게 되시었소. 이렇듯 주공께서 남의 압제를 받지 않게 된 데에 법정의 공이 컸는데, 그 정도 작은 일도 뜻대로 못하게 해서야 되겠소?"

물론 당시 외인부대로 촉을 점령한 유비와 공명 무리에겐 내부의 협조자가 무엇보다 소중한 존재였다는 점도 있었지만, 제갈량의 이러한 반응은 현덕이 자신과 죽이 잘 맞는 법정을 매우 사랑했기 때문이기도 했다. 주군이 사랑하는 부하들의 경우, 그는 자신이 컨트롤할 수 있는 정도의 악행은 눈감아 주고 조용히 통제함으로써 주군이 숨 쉴 수 있는 여유를 만들어 줬다. 실제로 제갈량의 대답을 전해 들은 법정이 이후 행동을 조심하게 됐으니, 결과적으로는 법정을 통제하는 효과도 거두었다.

넷째로, 유비가 죽은 후 어리석은 황제를 보필하면서도 내려놓지 않던 '한실 부흥'에 대한 헌신은 제갈량을 신하나 책사의 자리를 넘어서 역사상 가장 위대했던 한 의인(義人)으로 만들었다. 한실의 부흥이 진정 그의 꿈이었는지, 아니면 외인부대로 촉 땅을 차지한 그들 세력을 지탱해 주는 명분이기 때문이었는지는 알 수 없다. 그러나 단지 위선으로 치부하기에 그가 죽을 때까지 보여 준 고군분투는 실로 대단한 것이었다.

그의 한실부흥의 기치는 결코 가볍지 않았다. 그는 손권을 마다 했고, 한실에 별 도움이 안 되는 나태한 종친이자 처이모부인 유표에게도 출사하지 않았다. 대신 처지가 막막했으나 이름만은 드높았던 민중의 슈퍼스타 종친 유비를 선택해 고난의 길로 들어섰다. 제갈량이 이러한 선택을 한 것은 유씨의 한실을 다시 일으키고자 하는 충신의 소망이 있었기 때문이라고 본다.

그는 어쩌면 독립운동을 위해 망명정부를 세우는 독립지사 같은 마음으로 유비에게 간 것이 아니었을까 생각한다. 그도 그럴 것이 제갈량이 유비에게 간 나이는 20대 후반, 의기와 꿈을 포기할 수 없는 나이였다.

공명은 '한실 부흥'의 꿈을 이루지 못했지만 대의명분을 끝까지 포기하지 않았고, 그 많던 '망한 한(漢)나라'의 신하 중 끝까지 홀로 고군분투함으로써 촉한이라는 작은 괴뢰국가를 위대한 국가, 후대 백성들에게서 삼국 중 정통 국가로 인정받는 경지까지 끌어 올린다. 신하론의 관점에서 보면, 제갈량은 신하가 군주보다 낮은 자리가 아님을 몸소 증명하였다.

황제보다도 높은 권위를 지녔던 막강한 2인자가 자신을 모진 환경으로 내모는 것은 찾기 힘든 일이다. 게다가 역사의 뒤안길로 스러진 한나라를 부흥하겠다며 오직 홀로 고군분투한다는 것도 어찌 보면 황당한 일이다.

그러나 제갈량은 유비가 죽고 3년 동안 부지런히 내치를 다져놓은 뒤, 중원을 정벌하기 위해 먼저 동쪽의 손권과 동맹을 맺고, 남만(南蠻)을 정벌해 남쪽을 안정시킨다. 그리고 6차례나 기산(祁山)으로 진출해 장안을 노리다 결국 전지(戰地)에서 병들어 죽는다.

물론 그의 출병이 오직 '한실 부흥'이라는 수구적 대의명분에만 매달려 이루어졌던 것은 아닌 듯하다. 그의 후(後)출사표에선 강대한 이웃나라와 변경을 맞댄 작은 나라를 유지하기 위한 고심이 담겨 있다. 이런 내용이다.

강성한 역적이 우리와 경계를 맞대고 있으니 백성이 궁하고 군사들은 지쳐 있어도 지금 대사를 그만둘 수는 없는 형국입니다. 그만둘 수 없다면 지키고 있으나 나아가 싸우나 드는 노고와 비용이 같은데도 속히 도모하지 않고, 오직 한 주의 땅에 처박혀 다만 적과 대치하고만 있는 것은 어인 까닭입니까.

　무릇 천하의 일은 단정하기 어렵습니다. 옛날에 선제께서 초 땅에서 패하셨을 때 조조는 손뼉을 치며 이제 천하는 평정되었노라고 좋아했사옵니다. 그러나 선제께서는 동으로 오월과 손을 잡고, 서로는 파촉을 취하고 군사를 일으켜 북쪽을 쳐서 하후연의 목을 베셨사옵니다. 이는 바로 조조의 실수였습니다. 촉으로서는 이를 통해 한나라 대업이 이루어질 듯했사오나 동오가 맹약을 어겨 관우를 꺾고, 선제께서 자귀에서 패하시고, 조비(曹丕)가 황제를 참칭했사옵니다. 천하의 일은 이처럼 예측조차 하기 어렵사옵니다. 신은 다만 몸을 바쳐 정성을 다해 오로지 나라를 위해 죽을 때까지 일할 뿐이옵니다. 일의 성패와 이해(利害)는 신의 소견으로는 능히 예견할 수 없습니다.

또 나중에 손권이 황제를 자칭하면서 촉에 동맹을 맺고 자신들에게 사자를 보내줄 것을 청하자 촉나라 조정에서는 판단을 내리지 못하고 북벌에 나가 있던 제갈량에게 묻는다. 제갈량은 촉주에게 즉시 손권에게 축하사절을 보내고 동맹을 맺으라고 권한다.

　이런 실리적 선택은 그가 옛 한실의 유(劉)씨만을 황제로 인정하는 수구적 명분론자만은 아니었음을 보여 준다. 어쩌면 그 역시도 이미 중원에서의 한실은 끝이 났다는 것을 알고 있었을 것이다. 다만 촉한을 통해 작은 나라로나마 한실을 유지하고 싶었던 것인지도 모른다.

마지막으로 제갈량의 최고 경쟁력은 오래 살아남았다는 것이다.

유비를 만났다는 것이 첫 번째 그의 운이었다면, 최고의 운은 유비의 모사 중 가장 오래 살아남았다는 것, 그리고 건국 후 왕실이 안정되기 전에 유비가 죽었다는 것이다. 게다가 유비·관우·장비 등 창업 1세대가 모두 죽었고, 조정은 여전히 혼란스러웠으며, 그가 쳐부수어야 할 적은 여전히 남아 있었다는 점도 그가 다른 건국공신들과 달리 조정의 신하로서 안정되게 업적을 이루고 죽을 수 있는 행운을 안겨다 주었다.

원래 킹메이커 건국공신은 조정이 안정되는 와중에 죽임을 당하거나 떠나야 하는 것이다. 한(漢)고조 유방(劉邦)의 최고 모사인 건국공신 장자방(張子房)은 한나라 수립 후에 조정을 떠나 정사에 일절 관여하지 않았다. 그러나 한신(韓信)은 남아서 땅을 차지하고 앉아 있다가 유방에게 죽임을 당한다.

또 춘추시대 오(吳)나라 왕 부차(夫差)에게 패한 월(越)나라 왕 구천(句踐)을 도와 오나라를 멸하고 월나라를 부흥시키는 데 결정 적으로 기여한 범려(范蠡)는 구천이 맹주가 되자 가족들을 데리고 월나라를 떠난다. 그는 어려움을 함께한 군주와 복록은 함께 누릴 수 없다는 이치를 일찍이 깨달은 것이다. 범려가 건국공신 친구이 자 월(越)의 대부였던 문종(文種)에게 '토사구팽'(兎死拘烹, 토끼 사 냥이 끝나면 사냥개를 삶아 먹는다)이라는 편지를 보내 떠날 것을 충 고한 것은 유명한 고사다. 결국 떠나지 못했던 문종은 구천의 의심 을 받아 자결한다.

이렇게 킹메이커는 왕을 세우곤 떠나야 한다. 뒤에 떨어질 떡고 물까지 챙기려 들다가는 인생이 지저분하고 구차해지며, 대개는 목숨도 위태로워진다. 노자(老子)가 말했듯이 "공을 세우고 명성을 얻으면 떠나야 한다"는 이치다. 그게 권력가 주변의 속성이다. 최 근 우리나라 정치사에서도 이런 이치를 어겨 구차해진 인생들을 여러 차례 목격하지 않았는가.

그런데 제갈량은 자신의 군주보다 오래 살아남았고, 후임 왕은 어리고 아둔했으며, 외인부대로 들어가 남의 나라를 점령했던 지 배층의 세력은 두텁지 않아 구심점이 필요했고, 통일과업은 그 뒤에도 이루어지지 않았다. 제갈량이 오래도록 집권할 수 있도록 환경이 조성되어 있었다. 그래서 킹메이커 건국공신이 왕조 수립 후 안정기까지도 오래 집권할 수 있는 행운을 누린 것이다.

이러한 행운까지 겹쳐, 《삼국지》를 비롯해 역사상 그처럼 극적인 성장세를 구가한 인물은 그다지 없다. 초야에 묻힌 포의(布衣)의 선비로, 역시 제 땅 한 뼘 못 가진 채 도망 다니는 영웅 유비를 모시고, 동분서주하여 한(漢)나라의 적통을 잇는다는 명분으로 황제를 선포한다. 그리고 건국공신으로는 드물게 죽는 순간까지 안정되게 조정의 승상을 맡아 신하로써 봉사한 사례를 역사에 남긴다. 중국의 가장 위대한 재상을 꼽으라면 누구나 으레 제갈량을 꼽을 수밖에 없는 이유도 이처럼 건국부터 안정기까지 2인자 자리를 유지한 사례가 드물기 때문이다.

그가 살아생전 했던 말 중 자신의 삶을 한마디로 정리한 말은 바로 "국궁진력 사이후이"(鞠躬盡力 死而後已, 몸을 낮추고 온 힘을 기울이니 죽어서야 끝이 나리라)일 것이다. 실제로 그는 그렇게 살았다. 그리고 청렴하게 살았다. 신하로서 그의 삶은 이처럼 고단함을 감내하는 것이었다.

진수의《삼국지》가 평가하는 제갈량

진수(陳壽)는《삼국지》에서 제갈량이 승상이 되어 백성을 어루만지고 예의와 법도를 보여 주었으며 공정한 정치를 폈다고 평한다. 또 촉나라 사람들은 모두 그를 존경하고 아꼈으며, 형법과 정치가 비록 엄해도 원망하는 이가 없었는데, 그 이유는 마음을 공평하게 쓰고 상과 벌을 주는 일을 분명히 했기 때문이라고 한다.

그러면서도 제갈량이 세상을 다스리는 이치를 터득한 뛰어난 인재였지만 해마다 군대를 움직이고도 성공하지 못한 것은 아마 임기응변의 지략이 그의 장점이 아니었기 때문인 듯하다고 평해 그의 군사적 능력에 대해서는 낮게 보는 경향이 있다.

이에 대해 일부 해설서에선 진수와 제갈량의 좋지 않은 인연을 거론하기도 한다. 진수는 원래 촉나라 사람으로 나중에 촉이 위(魏)에 투항한 후 위나라 사람이 되었다. 그리고 위가 다시 진(晉)나라로 넘어간 뒤 진나라에서 출사하였는데 그의 아버지가 누구인지는 밝혀지지 않았다. 그런데 그의 아버지가 제갈량에게 참수당한 마속(馬謖)의 휘하 장수로 나중에 머리를 깎이는 벌을 받았다는 설도 있고, 제갈량의 명을 어기고 출병하다 사마의에게 걸려 군사

4천 명을 잃은 죄로 제갈량에게 참형을 당한 촉 장수 진식(陳式)이라는 설도 있다.

이 때문에 진수가 제갈량의 군사적 능력을 폄하했다는 이야기가 있으나 확인할 길은 없다.

제갈량의 맞수

제갈량은 젊어서는 맞수라 할 만한 상대가 없었다. 적벽대전의 영웅 주유도, 손권의 장자방 노숙(魯肅)도 맞수가 되지는 못했다.

그러나 그는 인생 말년에 강적 사마의를 만난다. 사마의는 제갈량에 맞서 싸우지 않고 버티는 질긴 면모로 끝내 아무도 당해 내지 못했던 제갈량을 극복한다. 제갈량까지 극복한 그 끈질긴 사마의가 쿠데타에 성공하고 진(晉)나라 왕조를 여는 기초를 닦은 것은 놀라운 일도 아니다.

또 제갈량은 촉한의 개국공신인 한편으론, 실질적으로 진나라를 여는 일등공신으로도 꼽힐 만하다. 황제와 조정 중신들의 의심과 모해를 받아 관직을 빼앗기고 고향에 처박혀 있던 사마의를 다시 끌어내 명성을 쌓게 해 준 것이 바로 제갈량이었기 때문이다.

사마의
司馬懿

모욕도 모략도 웃어넘긴 '버티기'의 고수

사마의(司馬懿, 179~251)

- **자** 중달(仲達)
- **시호** 선황제(宣皇帝)
- **소속** 후한 말, 조조
- **출신** 하내군 온현 효경리(河內郡 溫縣 孝敬里, 오늘날의 허난성 원현),
  경조윤(京兆尹)을 지낸 사마방(司馬防)의 둘째 아들.
- **출사** 조조가 명문가 자손 사마의의 뛰어남을 듣고 등용하려는 것을 거절하다가
  압박을 받자 208년(건안 13년) 문학연(文學掾)으로 출사한다.
  둔전제(屯田制)를 건의해 위나라의 국방강화와 농업생산력 안정에 기여했다.
  249년 조상(曹爽)을 죽이고 위나라의 권력을 장악했다.
- **사망** 251년(가평 3년)에 병으로 사망한다.

> 적에게 나를 이길 기회를 주지 않는다
> 나는 다만 버틸 뿐이다

소설 《여류(余流) 삼국지》를 쓰면서 그 숱한 영웅들 중 진심으로 깊이 감복하며 혀를 내두른 인물이 바로 사마의(司馬懿)다. 난세에 몸을 일으켜 새로운 나라를 세운 조조와 유비는 어디 한 군데 허술한 구석이 있어서 비집고 들어갈 틈이 있었지만, 사마의는 바늘 하나 꽂을 틈도 안 보일 정도로 빈틈없이 느껴졌다.

그래서 그런 사마의를 상대로 애쓰는 제갈량을 생각하면 가슴이 답답했다. 천하의 제갈량이 싸우지도 않고 버티기만 하는 사마의를 어찌해 보지 못하고 오장원(五丈原)에서 피를 토하고 죽는 장면을 쓰면서, 인간의 인내와 뻔뻔함이 어디까지 갈 수 있는지 그 궁극을 본 기분이었다.

조조의 신하였던 사마의는 쿠데타로 실권을 잡고, 그 손자인 사마염(司馬炎)이 마침내 조(曹)씨 왕조를 멸하며 사마(司馬)씨 왕조를 연다. 그는 무질서했던 난세가 정리되고 질서가 재편돼 있었던 시대에 찬탈의 기초를 마련했다는 점에서 주인 없는 난세에 땅을 차지하고 왕조를 열었던 조조나 유비보다도 한두 수는 위였다 해도 과언이 아니다. 조조·유비·손권과 그 휘하의 장수와 모사들이 치열하게 다투었던 것이 결국은 사마씨 집안에 땅을 바치기 위한 전초작업처럼 느껴지기도 한다.

사마의에 대한 인물평으로 가장 많이 거론되는 것이 바로 이리처럼 돌아본다는 '낭고상'(狼顧想)이다. 이는 관상학적으로 반역의 징후가 있는 얼굴로 꼽힌다. 조조가 그의 관상을 보며 반역의 가능성을 의심하고 "사마의에게 병권(兵權)을 주어서는 안 된다"고 했다는 말이 전해진다. 사마의는 결코 신하로만 머물 인물이 아니었음을 조조는 일찌감치 간파했던 것이다.

《삼국지》진서(晉書)는 사마의에 대해서 "겉으로는 너그러운 체하고 싫어하는 사람에게도 싫은 내색을 하지 않았으며, 음흉하고 임기응변에 능했다"고 평한다.

사마의의 경쟁력은 수십 년 동안 신하의 위치에서 "이는 모두 폐하의 홍복"이라며 자신이 세운 모든 공마저 낮은 자세로 군주에게 돌리면서, 본심을 숨기고 결정적 한 방을 노리며 질기게 참고 기다릴 줄 알았던 '포커페이스'와 '버티기'의 힘이었다. 그는 "스스로를 드러내지 않고 세상에 이름을 알리지 않는 데에 힘을 쓰라"는 노자(老子)의 가르침이 실전에서 활용될 때 얼마나 큰 힘을 낼 수 있는지 실천적으로 보여 준 사람이다.

그는 낮추고 참고 기다리다 드디어 기회가 왔을 때 쿠데타 한 방으로 권력을 잡아 황제를 넘어서는 막강한 2인자 자리를 꿰찬다. 그리고 그의 아들 대는 왕으로, 손자 대는 황제로 등극하여 전 왕조를 폐하고, 사마의는 황제로 추증(追贈)된다.

그러나 사마의의 삶을 돌아보면, 2인자를 넘어 군주의 자리를 노리는 야심가의 삶이라는 게 아무나 흉내 낼 수 없는 만만찮은 내공이 필요한 일이라는 것을 알게 된다.

먼저 사마의의 낯 두꺼운 '포커페이스' 경쟁력은 뻔뻔함으로는 조조까지 치를 떨게 만들었던 당대의 최고수 유비를 앞서는 면모를 보인다. 유비는 때때로 이성을 잃고 불뚝불뚝 본성을 내보이곤 했다. 이는 유비가 한 무리를 이끄는 리더였기에 때로는 천사처럼 사는 고단함과 스트레스를 표출하더라도 달려들 사람이 없었기 때문일 것이다.

그러나 사마의는 신하였다. 그러므로 포커페이스를 푸는 순간을 기다려 공격하려는 동료와 군주까지 줄을 지어 있으므로 결코 너그러운 체하는 표정을 풀 수 없었을 것이다. 이로 인해 본인은 엄청난 스트레스를 받았겠지만 이와 더불어 그 내공의 깊이는 측량할 수 없는 경지에 이르고, 이렇게 쌓인 경쟁력이 찬탈을 실현할 수 있는 바탕이 되었다고 볼 수 있다.

'건괵지욕'(巾幗之辱)이라는 고사에서 사마의의 최고경지인 포커페이스 경쟁력의 결정판을 볼 수 있다. 오장원에 주둔하던 제갈량은 아무리 군사를 보내 싸움을 걸어도 사마의가 꿈쩍도 하지 않고 버티자 여인들이 상중에 쓰는 두건과 흰 상복(喪服)을 함에 넣어 사마의에게 보냈다. 사마의가 제갈량이 보낸 함을 열어 보니 여인네들의 상복과 함께 서신이 있었다. 서신의 내용은 이랬다.

중달(사마의의 자)이여! 위(魏)의 대장인 그대가 어찌 자웅을 겨루려 하지 않고 굴을 파고 들어앉아 지키며 칼과 화살을 피하려고 기를 쓰는가. 그대의 하는 양이 아녀자와 무엇이 다르다 하겠는가. 내 여기 여인네들의 상복을 보내니 싸우지 않으려면 두 번 절하고 이를 받고, 사내로서 부끄러운 마음이 남아 있다면 즉시 회답하여 기일을 정하고 싸움에 응하라.

이때 사마의의 반응은?

웃는다.

그러고는 수하들에게 태연하게 말한다.

"공명이 나를 아녀자라고 하는구나. 물건을 받아 챙겨 두어라."

그러고는 이를 가져온 사자에게 음식과 술을 내어 후하게 대접하며 제갈량의 건강과 식사량을 묻고 정보를 탐색한다.

정작 사마의는 잘 참고 있는데, 이 일에 모욕감을 느끼고 치를 떠는 것은 그 밑의 부하들이었다. 그래서 대장은 대장이고, 부하는 부하인 것이다. 부하들은 결국 사마의에게 찾아가 시위를 하며 "출전하여 촉과 한판 붙자"고 닦달을 한다. 사마의가 이런 부하들을 달래는 재주도 신묘한 수준이다.

사마의는 "출전하여 싸우고 싶지만 황제가 지키라고 명했으니 출전할 수 없다"며 동오와의 싸움 때문에 합비(合肥)에 원정을 가 있는 황제에게 싸우게 해 달라고 주청한다.

원래 '야전 사령관은 천리 밖에 있는 임금의 명도 어길 수 있는 것'이 군중(軍中)의 원칙인데 이런 어처구니없는 일을 하면서도 부끄러움을 모른다.

이런 '포커페이스의 경쟁력'은 지금도 어느 조직에서나 잘 먹히는 능력이다. 대개 능력 있는 인물이 말 많고, 불만 많고, 태도가 시건방져서 호감을 주지 못하는 경우가 많다. 이런 이들은 중도에 낙마하는 게 다반사다. 능력은 있는데 말까지 많고 호감을 주지 못하니 자신의 마음속을 들켜 동료들이 공격할 빌미를 주기 때문이다.

신하들끼리는 경쟁관계이므로 아무리 선량한 사람이라 할지라도 언제든 동료를 모략하고 음해할 준비가 돼 있다. 그러니 이런 사람은 꼬투리가 잡히는 대로 불문곡직(不問曲直)하고 처단당하게 된다.

하나 조직에서 가장 탁월한 인물은 능력이 있는지 없는지 감도 잡히지 않고 표정은 온화하며 속을 알 수 없는 인물들이다. 이들은 태도도 좋아서 동료들에게 적개심을 일으키지 않고, 오히려 모든 동료들에게 편을 드는 척하여 안심시킨다. 그렇다 보니 동료들은 방심하여 공격할 기회를 놓치고, 그 사이에 자신은 '인화'(人和)가 돋보이는 인물로 자리매김한다.

보통 이런 인물들은 주군에게도 늘 복종하는 태도를 보이며 적당히 아부하는 기법도 활용할 줄 안다. 군주의 본성 중 하나는 의심이어서 사람을 쓸 때도 주변의 평가를 세세히 챙긴다. 그런데 태도는 공손하고 '인화'의 덕도 돋보이는 인물이라니, 안 쓸 이유가 없다. 그렇게 그들은 가랑비가 솜옷 적시듯이 스며들어 어느 순간 실력 있는 불평분자들을 다 솎아 내고, 부쩍 커져서 높은 자리에 먼저 앉을 수 있는 것이다.

조직에서 맑고 투명한 성정은 미덕이 아니다. 겉은 온화하나 속은 어두워서 결코 들키지 않는 것. 이종오 선생이 말한 "후흑학"(厚黑學)에서 흑심(黑心)의 최고경지에 이른 이 상태가 최고의 생존 경쟁력이다. 대부분의 평범한 사람들은 손으로 눈을 가린 것과 마찬가지여서, 겉으로 드러나는 태도 외에는 보지 못하는 경우가 많다. 제 눈에 보이지 않는 것까지 꿰뚫어 보는 눈을 가진 능력자는 많지 않다. 그래서 어느 조직에서나 능력에 비해 과분한 자리에 오른 사람 중에는 인화를 외치는 위선자들이 넘친다.

그러니 조직에서 성공하고자 한다면 실력을 기르는 것보다 참는 기술, 감정을 얼굴에 싣지 않고 언제 누구에게나 웃는 얼굴로 거절하지 않는, 그래서 되는 일도 없고 안 되는 일도 없는, 무능과 사심을 '인화'라는 위선으로 덮는 능력을 기르는 것이 최선이라 할 것이다.

또 사마의는 오래 기다리고 버틸 줄 아는 사람만이 성공한다는 것을 온몸으로 보여 주는 살아 있는 증거다.

사마의가 제갈량의 군대를 맞아 한 것이라고는 싸우지 않고 버틴 것뿐이다. 촉 땅은 워낙 길이 험해 군량을 조달하는 것이 어려웠고, 이 때문에 제갈량의 부대는 언제나 군량 문제에 부딪쳐 철군하기 일쑤였다. 그러니 촉과 싸우는 방법으로는 장안으로 들어가는 요충지를 막고 촉의 군량이 떨어질 때까지 기다리는 것이 상책이었다.

그러나 이 긴 대치를 견디지 못하고 설레발을 치며 한판 싸우러 나갔던 위나라의 장수들은 모두 제갈량에게 박살이 난다. 그러니 사마의의 기다릴 줄 아는 인내심, 제갈량이 죽을 때까지 버틴 그 질긴 '버팀의 미학'이 어찌 남다른 경쟁력이 아니라 하겠는가. 실로 만세에 걸쳐 칭송받을 만한 덕목이다.

사마의는 적조차도 자신의 이익을 위해 활용하는 데 탁월한 재능을 가진 사람이었다. 사마의에게 제갈량은 자신의 재기를 도운 '수호천사' 같은 사람이다. 그는 동료들의 모해 혹은 경계를 받아 황제 조예로부터 관직을 몰수당하고 고향으로 내쳐진다. 긴 기다림의 시간을 보낸 뒤 제갈량이 쳐들어와 분탕질을 치는데, 출정하는 장군들마다 속속 깨지니 수습할 길이 없는 조정에서 결국 그를 다시 불러냈기에 재기의 발판을 마련할 수 있었다.

이런 점에서 마속(馬謖)이 가정(街亭)싸움에서 패하여 철군하던 1차 기산(祁山) 진출 당시, 제갈량이 서성(西城)에서 거문고로 사마의를 물리쳤던 사건도 제갈량 기지의 승리였다기보다 사마의가 일부러 놔준 것이 아니냐는 혐의가 짙다.

이 에피소드는 제갈량이 군사 5천 명을 거느리고 서성으로 가서 양초(糧草)를 운반하던 중 사마의가 15만 대군을 거느리고 밀려들자 성문을 활짝 열고 성루에 올라가 편안하게 거문고를 연주했는데, 이 모습을 본 사마의가 군사를 물렸다는 이야기이다.

이 사건에 대해 《삼국지연의》(三國志演義)는 사마의가 "제갈량은 워낙 조심성이 많아 평생 제 몸을 위험하게 하는 일을 하지 않으므로 저렇게 하는 것은 분명 계략이 있기 때문"이라고 오해해 군사를 물린 것으로 기술한다.

그러나 사마의는 당시 제갈량 덕분에 막 해금된 상태였다. 여전히 도끼눈을 부릅뜨고 감시하는 조정 대신들이 자신의 뒤에 있음을 아는 그다. 그런데 첫 전투에서 제갈량을 잡는 엄청난 공을 세운다고?

그가 공명심 넘치는 철부지이거나 위나라의 주인이었다면 결코 물러나지 않고 일전을 벌였을 것이다. 그리고 제갈량을 죽였을 것이다. 그러나 그는 노회한 정치인이었다. 지나치게 큰 공을 일거에 세워 조정 신료들의 질투와 눈총을 받는 어리석은 짓을 무엇 때문에 하겠는가? 제갈량이 죽은 후, 자신에게 적대적인 조정에서 사마의가 무슨 일을 더 할 수 있을 것인가? 나처럼 눈치 없는 사람이라도 그 처지였다면 절대로 하지 않았을 일이다.

제갈량이 건재해야 그를 모해하려는 다른 신하들도 함부로 그를 내치자고 하지 못할 것이라는 계산이 뻔히 나온다. 사마의 자신을 위해 이 순간 제갈량은 무사히 살아서 빠져나가고, 다음에 다시 쳐들어올 기약까지 해 주어야 한다.

이런 이유로 나는 《여류 삼국지》를 쓰면서 이 대목에서 사마의가 얼른 군사를 돌린 이유는 제갈량에게 군사가 없음을 알고, 이를 자신의 군사들이 눈치챌까 두려웠기 때문이라고 확신했다. 실제로 아들 사마소가 "제갈량이 군사가 없으니 허풍을 떠는 것"이라고 아무리 간해도 오히려 아들에게 화를 내며 꾸짖는 장면이 나온다. 제갈량을 잡아야 한다는 철없는 아들을 혼쭐냄으로써 다른 휘하 장수들의 동요를 막으려 한 것이다.

막강한 2인자

또 제갈량이 이런 허풍을 떤 이유 역시 사마의의 당시 처지를 간파했기 때문이라는 데 돈을 걸 수도 있다. 두 고수의 무언의 셈법이 이렇게 일치하였기에 제갈량은 태산처럼 안전해질 수 있었던 것이다.

'사마의 기다림의 미학'의 또 다른 결정판은 조예가 죽은 후 어린 황제인 조방의 후견을 맡았다가 함께 후견인이 되었던 조상(曹爽)에게 밀려나자 병을 핑계 삼아 두문불출하며 10년 동안이나 칼을 갈았던 세월이다. 그가 물러난 나이는 웬만한 사람들도 은퇴하는 60대였다.

그는 조상이 황제 조방의 후견인을 도맡으면서도 자신에 대한 경계심을 내려놓지 않는다는 사실을 알았다. 이때 조상은 측근인 이승(李勝)을 형주자사로 제수하고, 떠나는 길에 사마의에게 하직 인사차 들러 동정을 살펴 달라고 말한다.

사마의는 이승이 도착하자 진짜 병이 난 것처럼 연극을 한다. 그런데 어찌나 리얼하게 연기를 했는지 이승은 깜빡 속아서 조상에게 "사마의는 거의 죽게 되었더라"고 고한다. 그러자 조상은 무척이나 기뻐하며 안심하게 된다. 욕심 많고 허술하기 짝이 없는 조상은 적의 숨이 완전히 끊어지기 전에는 마음을 내려놓아서는 안 된다는 제왕학적 불문율을 어기고, 황제를 모시고 성 밖으로 사냥을 나간다. 너무 일찍 샴페인을 터뜨린 것이다.

사마의는 10년 만에 찾아온 기회를 놓치지 않는다. 황제가 자리에 없는 틈을 타서 쿠데타를 벌여 조상 일족을 제거하고 막강한 2인자의 자리에 오른다. 그가 70살 때의 이야기다. 그 엄청난 세월 동안 온화한 얼굴로 기다리고 버티며 결정적 한 방을 노리고, 다 늙어서도 권력을 포기하지 않은 그 질김이 결국 진(晉)왕조를 열게 한 것이다.

그리고 나이 70에 황제를 능가하는 2인자 자리를 확보하고 나서야 온화한 얼굴 뒤에 숨겨진 본성을 드러낸다. 사마의는 병권(兵權)만 내놓으면 목숨을 살려 주겠다고 꾀어 조상에게서 병권을 빼앗고는 그와 일족까지 모조리 죽인다. 그리고 조조의 또 다른 일족인 하후(夏侯)씨에 의심을 돌림으로써 결국 조조의 맹장이자 사촌동생이었던 하후연(夏侯淵)의 아들 하후패(夏侯覇)가 촉의 강유(姜維)에게 투항하는 계기를 만들기도 한다.

그는 수십 년을 기다려 권력을 쥐었으나 결국 2년 만에 병들어 죽는다. 다만 그의 아들들이 왕을 허수아비로 만들고 정권을 농단하는 주역으로 나서게 된다. 사마의는 죽을 때까지 참고 기다리면서, 결코 야망을 내려놓지 않는 법을 알았던 절대고수였다.

　신하들 중에 주인의 것을 통째로 빼앗기로 마음먹을 만큼 통이 큰 사람은 많지 않다. 또 아무리 반역의 기질을 타고났다고 하더라도 주인이 강할 때에는 함부로 나서지 않는다. 그러나 주인이 약해지면 신하들의 숨겨졌던 '개성'이 드러난다.

　대개 조직이 망할 조짐이 나타나기 시작하면 현명한 사람들은 명분을 만들어 떠나고, 그릇이 작고 소심한 사람들은 망조(亡兆)가 눈에 보일 때 도망치거나 머뭇거리다 주인과 함께 몰락하고, 능력 있는 기회주의자들은 자질구레한 이익을 챙기고, 자아가 강한 사람들은 회생을 도모하다 함께 망하기도 한다. 그리고 주인의 것을 빼앗는 사람은 겉으로는 인의예지를 외치지만 속을 알 수 없는 친절한 신하들 중에서 나오는 일이 많다.

　요즘 조직에서 '신하'로 사는 사람들이 절대 경계해야 할 것이 일부 TV드라마다. 드라마에서는 '나는 악인이오' 하고 야심을 밖으로 드러내면서 눈을 희번덕거리며 온갖 건방을 다 떠는 사람이 주인을 쫓아내고 권력을 차지하는 일이 많다. 그리고 주인을 지키며 투쟁하는 사람은 평소에도 인화의 덕을 베풀었던 착한 사람이다. 한번 착하면 끝까지 착하고, 한번 나쁘면 끝까지 나쁘다는 일관된 설정이다. 하지만 드라마는 드라마일 뿐이다. 드라마에 속아서 세상의 질서를 거꾸로 생각해선 안 된다.

나이 70에 이르도록, 그만큼의 세월 동안 포커페이스로 적에게 절대로 약점을 노출시키지 않고, 자신을 이길 기회도 주지 않으면서 기다릴 수 있다면 주인의 것을 빼앗아 자기 것으로 만들 자격이 있다.

천하기재 제갈량이 이기지 못한 사마의

후흑학의 이종오 선생은 "제갈량은 천하의 기재로 3대에 걸쳐 한번 나올까 말까 하는 인물이었지만, 사마의를 만나 어쩔 도리가 없었다"고 말했다. 제갈량은 '왕을 보좌할 재목'이었던 반면, 사마의는 후한(後漢) 말과 삼국시대를 통틀어 가장 강력한 후흑(厚黑)의 대가였기 때문에 누구도 적수가 되지 못했다는 것이다.

후흑이란 낯 두껍고 속이 시커먼 사람을 이르는 말로, 이종오 선생에 의하면 천하를 얻은 인물들은 모두 후흑의 극치를 보였다는 것이다. 낯의 두께(厚)는 너무 두꺼워 그 정도를 측량할 길이 없어 표정을 들키지 않는 상태, 속의 어두움(黑)은 한 치 앞을 가늠할 수 없어 마음을 들키지 않는 상태가 최고경지다. 그리하여 실로 뻔뻔하고 음흉한 정도는 측정할 수 없으나 얼굴은 맑고 말은 밝은 것이 또한 이들의 특징이다.

이 같은 후흑의 경쟁력에서 남다른 사람이 나라를 일으키고 최후의 승자가 된다는 것이 후흑학의 이론이다.

이종오 선생은 낯 두꺼운 경쟁력(厚)으론 유비가 후한 말 최고의 경지였고, 속 시커먼 경쟁력(黑)으로는 조조 역시 후한 말 최고였기에 두 사람이 각각 한 분야의 최고수였다고 지적한다. 한편 손권은 후흑(厚黑)을 모두 갖췄으나 낯 두꺼운 것은 유비보다 아래고, 속 시꺼먼 것은 조조보다 아래였기 때문에 후한 말 천하를 이들 3자가 나누어 가질 수밖에 없었다고 분석했다. 그러나 '후흑의 궁극'에 이른 사마의가 그 뒤에 나타나니 어찌 그의 손에 삼국이 통일되지 않겠는가.

하지만 제갈량과 같은 대의(大義)가 없었던 그가 대권을 잡은 이후 벌어진 진나라의 문란함을 돌아본다면, 이런 인물이 다시 태어나 중용되지 않기만을 바랄 뿐이다. 이런 사마의를 중용했다는 것만으로도 조조가 후세에 간웅(奸雄)이라는 평을 들은 걸 어찌 억울하다고 할 수 있겠는가.

2

장자방張子房의 후예들

순욱
곽가
노숙
방통

장자방은 '킹메이커'의 대명사로 불리는 이름이다. 한(漢)고조 유방(劉邦)의 건국공신인 장량(張良, 자 子房)은 건달 청년 유방을 중원의 황제로 올려놓은 책사로, 선견지명이 있고 군사전략에 능한 인물이었다. 당대엔 누가 뭐래도 초패왕(楚霸王) 항우(項羽)의 세력이 유방과는 비교도 안 되게 컸으나 유방은 작은 세력으로 큰 세력을 꺾고 중원을 통일한다.

유방의 건국 뒤에는 장막에 앉아 천리 밖 전투의 계책을 마련한 장량이 있었다. 단순히 주군을 보좌하는 책사를 넘어서서 전세를 바꾸고 자기 주군을 왕으로 만드는 킹메이커가 된 장자방. 그는 모든 책사의 롤모델이자 어떤 제후든 반드시 모시고 싶은 꿈의 모사(謀士)였다.

워낙 탁월한 인재들이 무리지어 등장했던 후한 말엔 이 같은 장자방급 모사들도 줄을 지어 나타난다. 제갈량뿐 아니라 조조·유비·손권 진영에 각각 장자방에 비유할 만한 책사들이 있었다.

순욱

荀彧

주군의 마음속 한 끗을 용납지 못했던 조조 진영 책사의 맏형

순욱(荀彧, 163~212)

- **자**   문약(文若)
- **시호**   경후(敬侯)
- **소속**   후한 말, 조조
- **출신**   영천군 영음현(潁川郡 潁陰縣, 오늘날의 허난성 쉬창시) 사람이다.
          조부 순숙(荀淑)은 순자(荀子)의 11세손이며, 아버지 순곤(荀緄)은
          제남상(濟南相)을 지낸 명문가의 자제로 태어났다.
- **출사**   189년 헌제 당시 효렴에 천거됐으나 관직을 버리고 기주(冀州)로 피난했다.
          이후 원소에게 초빙되었으나 그를 뿌리치고 조조에게로 가서
          조조의 모사 중 최고의 자리에 앉는다.
- **사망**   212년 조조가 손권을 정벌하러 진군할 때 함께 떠났다가
          수춘(壽春)에서 사망한다.

"내가 그대를 얻은 것은 고조께서 장자방을 얻은 것과 같다."

조조는 영천 출신의 이름난 명사(名士, 지식인) 순욱이 찾아오자 기쁨에 겨워 이렇게 말한다. 순욱은 언제나 정확한 판단력으로 조조로부터 "순욱은 늘 정확하지"라는 평을 들으며 위나라의 엄청난 인재 풀 중에서도 으뜸의 자리를 차지한다.

그러나 그는 결국 유명한 '빈 합(盒)'의 고사를 남기고 나이 쉰 살에 죽음을 맞는다. 빈 합의 고사란 조조가 순욱에게 음식을 담아야 할 합에 아무것도 넣지 않고 보냈고, 이 빈 합을 본 순욱이 자살하라는 조조의 뜻을 헤아려 독약을 마시고 자결했다는 이야기다.

순욱이 처음 조조를 찾아갔을 당시 조조는 군웅할거 시대에 한 자리 차지해 보려고 절치부심하던 군웅의 한 인물에 불과했다. 그런 조조가 중원 대부분을 차지할 때까지 곁에서 전심전력을 다했던 순욱은 왜 이 같은 죽음을 맞이해야 했을까?

순욱이 조조를 찾아간 것은 서기 191년, 조조가 동군태수로 있을 때였다. 그는 당대 명사들을 대거 배출했던 영천군(穎川郡)의 명문가 호족 출신 명사였다. 그는 어려서부터 '제왕을 보좌할 재능을 타고났다'는 평을 들었다. 그리고 난세에 황건적이 출몰하는 등 난리 한가운데 있던 고향 영천을 떠나 기주목이던 한복(韓馥)의 초청을 받아 기주(冀州)로 갔다.

그가 기주에 도착했을 때는 이미 한복이 권력을 잃고 원소(袁紹)가 기주목에 오른 뒤였다. 이때 같은 군 출신인 신평(辛評)과 곽도(郭圖), 동생인 순심(荀諶)이 모두 원소에게 임용되어 그 휘하로 들어갔다. 그러나 순욱은 원소의 인물됨을 헤아려 본 뒤 그를 떠나 일개 동군태수였던 조조를 찾아간다.

남다르게 뛰어난 자질을 갖춘 킹메이커급 신하들은 주군을 고를 때 현재의 상태가 아닌 잠재력과 인물됨을 보고 선택한다. 제갈량이 그랬고, 순욱이 그랬다. 순욱은 주군이 스카우트하러 찾아올 때까지 기다린 것이 아니라 스스로 이 사람이다 싶은 주군을 찾아갔다는 점에서 남다르다.

순욱이 이런 혜안을 가지고 움직인 것은 그의 나이 스물아홉 살 때의 일이다. 조조는 자신보다 아홉 살 아래인 순욱을 사마(司馬)

장자방의 후예들

로 삼아 늘 정세를 묻고, 그의 의견에 따랐다. 순욱이 합류하고 난 이듬해 조조는 연주(沇州)태수가 되며 세력을 확장하기 시작한다.

순욱은 당대의 군웅 중 조조라는 최고의 인물을 선택함으로써 성공적으로 출발한다. 그러나 출발이 좋다고 모든 것이 좋은 건 아니다. 최고의 주군 밑에서 다른 경쟁자들을 제치고 높은 자리를 차지하려면 그에 걸맞은 업적을 쌓아야 한다.

순욱은 이 점에서도 남다른 성공을 거둔다. 우선 조조가 아버지 조숭(曹嵩) 일행을 죽인 서주(徐州)의 도겸(陶謙)을 정벌하기 위해 연주를 비우고 떠나면서 순욱에게 견성을 지키게 하였을 때였다. 마침 진궁이 장막·장초 형제와 배반을 모의하고 여포(呂布)를 연주의 주인으로 맞아들이는 사태가 벌어진다. 이때 대부분의 성이 진궁 일당에게 호응하여 연주 일대가 여포에게 넘어갔지만, 순욱은 정욱과 함께 자신이 지키던 견성과 범현·동아 등 3개 성을 지켜 조조가 돌아올 근거지를 마련해 놓는다.

도겸이 죽고 난 뒤 서주가 유비 손에 넘어가자 이에 격노한 조조가 다시 서주를 치겠다고 나선다. 이때 순욱은 분노의 질주를 하던 조조에게 '서주정벌의 불리함'을 조목조목 들어 설명하고, 연주라는 근거를 다져 놓도록 설득해 주저앉히기도 한다.

또 그 후 연주에서 여포를 내쫓고 황건적을 무찔러 조조의 정예
병 청주군을 얻고 난 뒤, 그는 조조에게 환란 중에 있는 황제를 모
실 것을 건의한다.

　당시 동탁(董卓)에 이어 이각(李傕)과 곽사(郭汜)의 난으로 핍박
받던 황제는 이미 황제라고도 할 수 없는 몰골이었다. 하지만 동탁
이 '황제를 끼고 제후를 호령'했듯이, 황제는 그를 모시는 제후가
나름의 정통성을 주장할 수 있도록 해 주는 히든카드와 같은 것이
었다.

　이에 원소의 모사인 저수(沮授)도 앞서 원소에게 "황제를 모셔
낙양(洛陽)에서 유씨 종묘를 재건하고 천하에 호령하여 복종하지
않는 자를 토벌한 다음 이 세력에 의지해 다른 세력들과 싸워야 한
다"고 주장하기도 했다.

　당시 꿈이 남달리 크고 뛰어났던 책사라면 누구나 황제를 모셔
야 한다고 생각했던 건 분명하다. 문제는 자신의 주군이 직접 몸을
움직여 실행하느냐의 여부였다. 저수의 주군이었던 원소는 게을러
실행하지 않았고, 순욱의 주군이었던 조조는 직접 몸을 움직여 황
제를 자신의 근거지인 허도(許都)로 모시고 온다. 이때부터 조조는
'황제를 끼고 천하를 호령'하며 남들보다 일보 앞서게 된다.

그러나 조조가 황제를 모셔 왔다고 난세의 패자(覇者)가 되는 것은 아니다. 오히려 이 때문에 그는 모든 제후의 적이 된다. 동쪽으로는 여포, 남쪽으로는 장수(張繡)가 황제를 모신 조조를 겨냥하고 있었다. 그러나 제일 큰 적은 황하 이북을 병합하며 가장 강대한 세력을 일군 원소였다. 조조의 마음에는 워낙 막강한 세력을 가진 원소를 향한 두려움이 있었다.

그런데 조조가 장수와 싸워 패하고 돌아온 직후, 원소는 조조에게 교만하기 짝이 없는 편지를 보낸다. 조조는 원소를 토벌할 마음을 먹지만, 힘의 열세 때문에 주저한다. 이때 순욱은 조조가 원소를 이길 수밖에 없다는 십승십패설(十勝十敗說)을 설파한다. 《삼국지연의》에서는 이를 곽가가 주장하고 순욱은 동조하는 모습으로 그려냈지만, 진수의 《삼국지》에는 순욱이 직접 십승십패설을 주장한 것으로 나온다.

그는 약해지려는 주군을 다시 붙들어 세운다. 하지만 당장 도모해야 할 화근은 원소가 아니라 여포임을 주지시켜, 여포를 치는 한편 원소는 안심시키도록 한다.

여포를 무찌른 후, 순욱은 과장하면 전력 차가 10배 가까이 난다는 원소를 상대로 맞붙어 싸워야 하느냐를 놓고도 의연하게 정세를 분석하며 싸워서 이길 수 있음을 설파한다. 원소 진영은 당시 최대의 세력이었던 만큼 조조 진영보다 월등한 군사력과 인재 풀을 가지고 있었다.

이에 공융(孔融)은 "원소는 영토가 넓고 군대가 강성하며, 전풍(田豊)과 허유(許攸)같이 지모가 뛰어난 선비와 심배(審配)와 봉기(逢紀)같이 충성심 강한 신하가 있고, 안량(顔良)과 문추(文醜) 같은 용장이 있으니 이기기 어렵다"고 주장한다.

그러나 순욱은 "원소의 군사가 비록 많으나 군법이 정비되지 않았고, 전풍은 고집이 너무 세서 윗사람 말을 거스르고, 허유는 탐욕스러우며, 심배는 독단적이고, 봉기는 자기 말만 고집하고…" 등 원소 진영의 문제와 앞으로 일어날 내분을 정확하게 진단한다. 그리고 이후 실제로 원소 진영이 되어 돌아간 사정은 순욱이 예견한 그대로였다. 그의 통찰력은 그 정도였다.

그는 사리사욕이 없고 검소하며 청아한 선비였다고 전해진다. 그래서 조조는 자신이 원정을 떠날 때면 늘 허도를 순욱에게 맡겨 지키도록 했다. 이처럼 그는 주군의 절대적 신뢰를 받았다. 조조는 순욱의 장남인 순운(荀惲)에게 자신의 딸을 시집보내 사위로 삼아 사돈의 인연을 맺기도 한다.

또 조조는 멀리 원정을 떠나서도 순욱에게 편지를 보내 그의 의
견을 묻곤 했다. 조조가 관도(官渡)에서 원소와 대치하고 있을 때
였다. 원소는 군량도 풍부했고 군사도 많았다. 조조는 그들과 대치
하는 데에 몹시 지쳐 있었다. 그에겐 이제 군량도 얼마 남지 않았
다. 이때 조조는 싸움을 포기하려는 마음까지 먹고, 철수를 진지하
게 고민하며 순욱에게 편지를 보낸다. 이에 순욱은 관도를 반드시
지켜야 한다며 이렇게 답신을 보낸다.

원소는 모든 군사력을 동원하여 관도 땅을 취함으로써 주공과 승부를
내고자 하며, 실로 관도가 무너지면 허도도 위험에 처하니 지키지 않을
수 없습니다. 주공께서는 약한 군사로 강한 군사와 맞서는 형국이니 관
도에서 저들을 제압하지 못하면 결정적인 기회를 원소에게 주게 될 것
입니다. 이는 천하의 운을 가르는 대사가 아닐 수 없습니다.
　원소의 군사는 많다 하나 대개는 훈련도 제대로 안 된 쓸모없는 것들
이니 어찌 주공의 명철한 신무(神武)로 제어하지 못하리까? 군사의 열세
로만 본다 해도 옛날 초(楚)와 한(漢)이 형양과 성고에서 싸우던 때보다
낫지 않습니까. 그러니 주공께서는 군사로 맞서지 마시고, 저들의 보급
로만 노려 끊으십시오. 길목을 지켜 숨통만 노리시고, 저들의 공략에는
굳게 지키시며 물러서지 마십시오.
　보급로를 끊음으로써 적의 예기(銳氣)를 끊고, 사기를 떨어뜨리며, 혼

란을 초래한다면 그들도 내부 문제를 다스리느라 감히 진격하지 못할 것입니다. 이리 되면 형세는 반드시 변할 것이니 기민하게 노리시고, 때를 놓치지 말고 적절히 대응하시면 어찌 우리가 승리하지 못하리까. 어리석은 소신의 짧은 소견이오나 주공께오서는 깊이 생각해 주시옵소서.

순욱의 편지는 현실적 고민 앞에서 꺾여 들어가던 조조의 용기를 다시 북돋운다. 그러는 사이 순욱이 예견했듯이 원소 측 내부 갈등으로 정세가 변한다. 탐욕스러운 허유가 심배와의 갈등으로 조조에게 투항하여 원소의 군량기지를 알려 줌으로써 조조는 승기를 잡고, 지모를 겸비한 원소의 장수 장합(張郃)도 투항하면서 원소 진영은 급격히 무너진다.

조조는 이렇게 여포를 잡고 원소를 무찔러 중원의 가장 너른 지역을 평정한다. 이제 그가 미치지 못한 땅은 유표의 형양과 손권의 강동(江東), 유장의 익주와 마등(馬騰)의 양주와 같이 중원의 관점에서는 외곽에 떨어진 지역들뿐이었다.

이쯤 되니 조조의 눈치 빠른 신하들은 황제가 조조를 국공(國公)에 봉하고, 특별한 공을 세운 신하에게 크나큰 특권으로 내리는 구석(九錫)의 예물을 내리도록 해야 한다는 공론이 벌어진다. 조조도 자신의 공국을 세울 수 있는 공작(公爵)의 지위로 올라가기를 원한다. 그러나 이것이 찬탈의 전조라는 것을 모르는 사람은 없었다. 공작 다음은 왕, 그 다음은 황위 찬탈로 이어질 것이 뻔한 일이었다. 그 순간 순욱은 분연히 반대하며 간한다.

"승상께서 의병을 일으키시어 한나라 황실을 받들어 모신 것은 충정에서 비롯된 것이니 겸양하고 물러서는 금도를 지키셔야 합니다. 군자는 덕으로써 백성을 사랑하는 법이니 그런 특권은 누리지 마소서."

그러나 조조는 이 말 때문에 순욱을 괘씸하게 여기고 미워하는 마음이 생긴다. 조조는 군사를 일으켜 강남(江南, 양쯔강 동남쪽)으로 진군하면서 순욱에게 함께 출정할 것을 명한다. 보통 조조가 출정하면 순욱이 남아 허도를 지켰던 기존 관행을 깬 것이다. 이에 순욱은 조조에게서 살의를 느끼고, 진군 도중 병이 났다며 따라가지 않고 수춘(寿春)에 머문다.

그러던 어느 날, 조조의 심부름꾼이 순욱에게 와서 음식 합을 전달한다. 순욱이 열어 보니 아무것도 들어 있지 않은 빈 합이다. 순욱은 깜짝 놀란다. 먹을 것이 없다. 굶어 죽으라는 말이다. 순욱은 그 뜻을 알아차리고 스스로 독약을 마셔 자결한다. 그의 나이 50세였다. 이는 소설에 나온 이야기다. 실제로 빈 합 때문에 죽었는지는 확인할 수 없지만, 그의 죽음은 분명 미스터리로 남아 있다.

순욱은 뛰어난 인물이었다. 그의 삶도 어떤 의미에선 무결점이었다. 그는 청아하고 검소하며 겸허하여 식읍(食邑) 2천 호의 높은 녹봉을 받으면서도 이를 친척들에게 나누어 주고, 본인은 검소하게 살았다고 전해진다.

후세 사람들은 '순욱이 조조를 모심으로써 한나라 왕조가 무너지고 군주와 신하가 뒤바뀌었다'고 비판하며 그의 처세를 문제 삼기도 했다. 그러나 정사의 주석에서도 논하듯, 과연 순욱과 같은 인물이 당시 영웅을 보좌하여 기울어 가는 나라의 운명을 바꾸어 놓으려 한다면 선택할 수 있는 대안이 조조 외에 누가 있었을까? 그의 주군 선택은 탁월했다. 주군에 대한 보좌도 탁월했다.

신하로 사는 사람으로서 그의 잘못은 하나였다. 자신의 주군을 잘못 알고 있었다는 점이다. 이는 치명적인 잘못이다. 그는 조조가 의군(義軍)을 일으킨 것이 난세를 바로잡고 조정을 지키려는 충정에서 비롯됐다고 여겼거나 최소한 그렇게 믿고 싶어한 것 같다. 실제로 조조는 입버릇처럼 그렇게 이야기했다. 또 조조는 자신의 신하들을 대하는 데 예의가 있었고, 인재를 아꼈으며, 공평했다. 자신의 조상 3대를 욕했던 진림(陳琳)까지 용서하고 받아들일 만큼 도량도 컸다. 그러니 오해할 만했다.

그러나 어쩌면 그보다는 학자적 양심이라는 것으로 자기 눈을 가리고, 충의와 기개가 있는 인물을 보좌하고 있다는 도덕적 정당성을 스스로에게 부여하기 위해 자신을 속였던 것이 더 컸을지도 모른다. 어쨌든 그는 자신의 주군만은 객관적으로 보지 못했다.

설사 조조가 처음에는 충의와 기개로 나섰다 하더라도 인간은 변하는 법이다. 조조는 이룬 것이 너무 많았다. 중원에서 그는 황제보다 강했다. 그런데 왜 누리지 않고 겸허하게 사양하며 살아야 하는가. 이룬 게 많으면 그만큼 대우받고 누리면서 살고 싶은 것은 인지상정(人之常情)이다. 이런 점에서 순욱은 인간에 대한 이해도 부족했다.

또 그는 군주의 역린(逆鱗)을 건드렸다. 역린이란 용(龍)의 턱 밑에 거꾸로 박힌 직경 한 자 정도의 비늘을 의미하는데, 이는 '임금의 변덕'을 비유하는 표현으로도 사용된다. 이 말은 《한비자》(韓非子)의 '세난(說難)편'에 있는 고사에서 나온다.

이 이야기는 춘추시대 위(衛)나라 영공(靈公)의 총신이었던 미자하(彌子瑕)의 고사이다. 위나라 법에는 군주의 수레를 몰래 타면 발을 자르는 형벌이 있었다. 그런데 미자하가 어머니가 병들었다며 영공의 수레를 몰래 타고 나갔다. 누군가 이를 영공에게 이르자 미자하를 사랑하던 그는 "참 효자로구나. 어머니의 병 때문에 발이 잘리는 벌까지 잊었구나"라고 말한다. 어느 날은 영공을 모시고 과수원에 나간 미자하가 복숭아를 먹어 보니 너무 맛이 있어서 영공에게 복숭아 맛을 보라며 자기가 먹던 것을 건넨다. 영공은 "나를 사랑하는구나. 그래서 맛있는 것을 자기가 다 먹지 못하고 이렇게 내게 주는구나" 하고 말했다.

　그런데 사랑은 움직이는 거다. 어느 날 그에 대한 총애가 엷어지니 문득 당시의 일들이 떠오르며 화가 난다. '이 자가 건방지게 내 수레를 타고 가다니…. 이 자가 자기가 먹던 것을 내게 먹였다는 말이지.' 그리고 영공은 미자하를 참한다.

　상황이 달라진 것은 없었다. 그런데 과거엔 칭찬했던 행동을 나중엔 책망하게 된다. 그건 상황이 변한 것이 아니라 군주의 애증이 변했기 때문이다. 그러므로 간언을 드리거나 담론을 펼 때는 자신이 군주로부터 사랑을 받는지 미움을 받는지 먼저 확인해야 한다는 것이다.

바로 이런 군주의 심사를 역린이라고 한다. 사람이 용을 길들여 탈 수는 있지만 이 역린을 건드리는 순간 죽는다는 이야기이다. 군주도 용과 마찬가지다. 그래서 군주에게 바른 말을 간하는 것은 어려운 일이다.

군주의 가장 큰 특징은 의심과 변덕이다. 《삼국지》에서도 수많은 군웅(群雄) 중 '믿음의 경쟁력' 하나로 황제까지 오른 유비를 제외하면, 모든 군주들은 의심과 변덕의 화신들이다. 이는 유비가 독특한 것이지 다른 군주들이 특별히 소인배이기 때문이 아니다. 그저 자연스런 현상일 뿐이다.

조조는 처음엔 순욱과 말이 잘 통했다. 그러나 조조가 세상을 평정하고 위세가 드높아지면서 골수 선비인 순욱의 말에 부담을 느끼기 시작한다. 순욱은 충의가 아닌 세상을 평정할 야심으로 똘똘 뭉쳐 있었던 조조의 속을 제대로 읽지 못했고, 날로 높아져 가는 주군의 눈높이를 미처 맞추지 못했다. 이것이 그의 실책이었다.

더욱이, 워낙 큰 신하는 군주의 총애를 잃으면 죽음 외엔 답이 없는 법이다. 그것이 큰 신하가 갈 수밖에 없는 길이다. 그러므로 군주의 성정이 그러하다면 자신에게 우호적일 때 모든 것을 내려놓고 떠나야 한다. 그러나 일단 주군이 눈을 희번덕이며 더 큰 욕망으로 이글거린다면, 큰 신하가 살 수 있는 길은 주군의 커 가는 야심과 높아지는 눈높이에 맞춰 그를 황제로까지 추대하려는 담론을 직접 이끄는 것뿐이다. 그는 조조 같은 인물을 모시면서 떠나야 할 시기를 놓치는 실수를 범했다.

사실 순욱 역시 이런 이치를 다 알고 있었으리라 생각한다. 그럼에도 그가 마지막 순간, 조조의 입장에서 본다면 변절이라고 할 수밖에 없는 행동을 한 것은 그 순간 자신의 명예를 지키는 쪽을 선택했기 때문인지도 모른다. 그리고 최소한 그는 한나 아렌트가 지적한 '악의 평범성'으로 빠지는 평범한 악인이 되지 않고, '위대한 보통 사람의 길'을 간다는 쉽지 않은 선택을 했음은 분명하다.

그의 나이 50살. 그 나이가 되면 사람들은 보통 자신의 삶을 되돌아보며 스스로를 정립하게 되고, 어떤 사람으로 살다가 어떤 위치에서 죽고 싶은지, 죽음 이후 어떤 사람으로 기억되고 싶은지 정리하게 된다.

그는 간웅 조조를 모시며 그의 패권을 도왔다. 조조는 동탁이 도읍으로 말을 몰아 들어온 이래 벌어진 후한 말의 혼란을 평정하는 위대한 업적을 남겼다. 그러나 조조가 제위를 찬탈한다면 역사는 그동안 이루어 온 뛰어난 업적보다는 찬탈에 방점을 찍어 조조를 '찬탈자'로서 비난할 것이다. 그렇다면 그의 최고 모사였던 자신의 이름은 역사에 어떻게 기록되겠는가. 선비로서의 명예와 자존심을 지키려면 그에게는 대안이 하나밖에 없었다. 자신의 목숨과 명예를 맞바꾸는 것.

공자가 말한 '사생취의'(捨生取義)처럼 목숨을 버리더라도 의를 취하는 것이 유가 선비의 지향점이다. 그러니 타자(他者)의 의지에 기댈 수밖에 없는 신하가 자신의 의를 실현하고 의지를 관철하려 할 때에 갈 수 있는 길은 목숨에 연연하지 않는 것뿐이었다.

사실 조조 같은 인물을 보필하면서 순욱처럼 살았다면, 그렇게 죽는 것도 나쁘지 않다. 어쨌든 영웅을 세웠고, 스스로도 품위를 지킬 수 있었으니 말이다. 조조는 끝내 성공한 군주가 되었지만, 인생 말년에는 수없는 살인을 저지르며 인간으로서, 의사로서의 그의 삶도 허무하게 무너진다.

순욱은 죽기 전에 자신이 국가를 경영하고 전쟁을 도모한 책략과 계획을 적어 놓은 편지들을 모두 태웠다고 한다. 그래서 그의 사적은 자세히 전해지지 않는다. 조조를 세우고, 그는 깔끔하게 소멸한 것이다.

죽음을 앞두고 자신의 기록을 모두 불태우며 순욱은 자신의 삶이 헛되었다고 생각했는지도 모른다. 하지만 그는 역사에서 조조의 다른 모사들보다 높은 도덕성을 가진 인물로 평가받는다. 원래 한 시대의 질서를 다시 세운 위대한 군주의 척신들은 품위는커녕 영혼을 지키기도 쉽지 않은 경우가 많다.

장량(張良)이 한나라 건국 후에는 조정을 떠나 정치에 일절 관여를 하지 않음으로써 그의 이름을 지킨 것처럼, 공이 큰 신하는 절정을 맞이하였을 때 떠나는 것이 상책이다. 사실 순욱은 느닷없이 뒤통수를 맞는 바람에 명예로운 은퇴보다 명예로운 죽음을 택하게 되었지만, 어쨌든 신하의 자리에서 품위를 지키는 것이 참으로 어렵다는 점에서 그는 대단한 일을 해낸 것이다.

그러므로 우리가 순욱에게서 얻을 수 있는 중요한 교훈은 바로 이것이다.

'주군의 총애는 믿을 것이 못 되며, 영혼이 있는 관리로 살기 위해서는 목숨을 내놓을 각오를 해야 한다.'

순욱의 조카 순유(荀攸, 157~214)

순욱과 함께 쌍으로 기억되는 사람은 역시 조조의 뛰어난 모사였던 순유다. 자는 공달(公達). 순유는 순욱의 7촌 조카로 일찍이 부모를 잃고 고아가 되었으며, 대장군 하진(何進)이 정권을 잡았을 때 초빙되어 순욱보다 먼저 조정에 출사해 황문시랑이 되었다. 그리고 동탁이 집권한 후에도 조정에 남았으나 동탁을 살해하려고 모의하다 잡혀 투옥된다.

함께 잡혔던 하옹(何顒)은 스트레스를 못 이겨 자살했으나 그는 태연자약했다고 한다. 마침내 왕윤(王允)이 동탁을 주살하자 순유는 감옥에서 풀려나지만 관직을 버리고 집으로 돌아간다.

그 뒤 순유는 조조의 초청을 받고 조조 진영에 합류한다. 그는 군사(軍師)가 되어 조조의 원정마다 따라다니며 전략을 조언한다. 장수(張繡)를 치러갈 때는 조조에게 "장수와 유표가 서로 돕는다지만 장기전을 벌이면 유표도 장수를 오랫동안 돕지 못할 것"이라며 지구전을 건의한다. 그러나 조조가 이를 듣지 않고 몰아치다가 결국 패배하고 만다. 조조는 뒤늦게 순유의 말을 듣지 않은 것을 후회한다. 또 적벽(赤壁)에서도 순유는 배를 묶어 놓은 조조에게 주유의 화공(火攻)을 염려하여 간하지만 듣지 않는다.

조조는 신하들의 공로를 말하면서 "충성스럽고 정직하며 치밀한 책략으로 나라 안팎을 편안히 한 사람은 순욱이 첫째요, 다음이 순유다"라고 했다.

또 진수의 《삼국지》에 따르면, 조조는 다음과 같이 순유를 평가하였다.

"순유는 겉은 우둔하지만 내면은 지혜롭고, 겉으론 겁이 많지만 속으로는 용감하며, 겉으로는 약하지만 속으로는 강하며, 자신의 장점을 잘 드러내지 않고 공적을 내세우지도 않는다. 겉보기에는 우둔한 척하지만 그 지혜에는 도달할 수가 없다."

순유는 동탁이라는 최고 권력자를 살해하려 모의하다 투옥되어서도 태연자약했다는 점에서 느긋한 성격을 가진 것으로 보인다. 또 몹시 지혜로우나 우둔한 듯한 태도로 적을 만들지 않았다고 하니 느긋하고 경박하지 않은 성품이 최고의 경쟁력이었던 것으로 보인다.

《삼국지연의》에서는 조조가 위(魏)왕이 되려는 것에 순유가 반대하였고 이를 들은 조조가 "순유가 문약(순욱)이 어찌 되었는지 모른다더냐"고 화를 내었는데, 순유가 이를 두고 근심하다 죽은 것으로 묘사된다.

그러나 진수의 《삼국지》에 따르면 조조는 순유가 죽은 후 그에 대해 말하며 눈물을 줄줄 흘렸다고 한다. 또 포고령을 내려 "20여 년 동안 나는 순공달과 서로 털끝만큼의 어긋남도 없었다"며 애달 파했다고 기록한다. 그러나 사람 마음속 일을 어찌 알겠는가.

곽가
郭嘉

조조가 가장 사랑했던 참모

곽가(郭嘉, 170~207)

- **자**　봉효(奉孝)
- **시호**　정후(貞侯)
- **소속**　후한 말, 조조
- **출신**　예주 영천군 양책현(豫州 潁川郡 陽翟縣) 사람으로
　　　어려서부터 미래를 예측하는 통찰력이 뛰어났다고 전해진다.
- **출사**　순욱의 추천으로 조조에게 출사하여
　　　일급 참모로서 사공군제주(司空軍祭酒)를 맡았다.
- **사망**　오환(烏丸) 정벌 당시 풍토병에 걸려 38세에 요절하였다.

내가 대업을 이루게 할 사람은
바로 이 사람이다_조조

99

조조가 적벽대전에서 참패를 당하고, 남군으로 도망쳐 함께 살아 돌아온 참모·장수들과 술을 나누다 말고 한 사람의 이름을 부르면서 가슴을 치며 대성통곡한다.

"봉효야! 봉효야! 어찌하여 네가 먼저 갔느냐. 네가 살았더라면 오늘날 내가 이렇게 낭패를 당하지는 않았으리라. 슬프구나, 봉효야. 괴롭구나, 봉효야. 아깝구나, 봉효야. 네가 어찌 나를 버리고 갔느냐. 네가 없으니 내가 이 신세가 되었다. 봉효야!"

조조가 일생일대 가장 처참한 패전을 당한 후 애타게 부르짖은 봉효(奉孝)는 바로 형주와 적벽으로 향하는 남정(南征) 바로 한 해 전에 죽은 곽가의 자였다. 그는 조조의 가장 젊은 모사였고, 조조와 일한 지 11년 만인 38세에 홀연히 요절한 비운의 천재였다.

조조 진영엔 워낙 쟁쟁한 모사들이 많았고, 그가 일찍 죽은 탓에 소설이나 정사에서도 곽가는 별로 비중 있게 취급되지는 않는다.

그러나 내가《여류 삼국지》를 쓸 때, 인물을 분석하면서 조조 진영에서 가장 관심 있게 보았던 사람은 곽가였다. 그때 이런 상상을 했었다.

'곽가가 오래 살았다면 조조가 그렇게 대책 없이 제갈량에게 당하지 않았을 것이고, 결국 조조에 의해 당시 중원이 통일되었을지도 모른다.'

진수는《삼국지》에서 곽가를 평하면서 덕행을 수행하지는 못했지만 계책을 짜고 도모하는 데서는 순유와 비슷하다고 했다. 또 유비 진영의 인물 중에선 법정과 비슷한 무리라고 평했다. 그러나 나는 진수의 평이 너무 박하다고 본다. 물론 내 의견이긴 하지만, 당대에 조조 진영에서 제갈량을 대적할 만한 상대는 죽은 곽가밖에 없었다고 생각하기 때문이다.

결국 조조의 성취에 브레이크를 걸고 삼국정립으로 가는 길을 열었던 정세 변화에 가장 큰 영향을 미친 것은 제갈량의 등장이었으나, 곽가의 부재 역시 한 몫을 보탠 것으로 볼 수 있다. 조조가 대성통곡하며 곽가를 부르짖은 것은 그도 이와 같이 여겼기 때문인지도 모른다.

곽가를 제갈량의 적수가 될 수 있었던 잠재적 인물로 보는 이유는 이렇다.

첫째, 무엇보다 곽가는 사람에 대한 판단이 정확했다. 손책(孫策)이 강동을 평정하여 위세를 드높이며 북진을 도모할 때 조조의 모사들은 모두 두려워했다. 그러나 곽가만이 이렇게 예측했다.

"손책은 용맹하고 성정이 불같아 금세 활활 타오르나 행동이 경솔하고, 강동을 평정하며 원한을 많이 샀으면서도 방비를 잘 못하고, 천성은 급한데 꾀는 적고, 한낱 필부의 그릇이어서 무도하고 용맹하나 위엄이 없어 반드시 소인배들의 손에 죽을 것이다."

실제로 손책은 나이 스물여섯에 자객의 습격을 받아 그 후유증으로 죽는다.

또 오환(烏丸) 정벌 당시 조조 진영의 모사와 장수들이 모두 등 뒤의 유표를 걱정하자 곽가는 혼자서 "한담이나 즐기는 유표는 결코 뒤를 치지 않을 것"이라고 주장한다. 역시 그의 예상이 맞았다.

그런가 하면, 그가 잠시 성 밖에 나가 있는 사이 조조에게 의탁하고 있었던 유비가 원술을 치겠다며 허도를 빠져나간 것을 알고 달려와 유비를 당장 처리하라고 조조에게 말한다.

"유비는 새장에 가두어 두어야지 밖으로 내보내면 반드시 후환이 될 것입니다."

역시 그의 예측은 정확하게 맞아 그 후 유비는 무던히도 조조를 괴롭힌다. 사람을 이렇게 정확하게 판단하는 모사는 당시 인물들 중 곽가가 으뜸이었다.

둘째, 곽가는 무서우리만치 정확하게 정세를 판단했고, 그에 대응하는 계책 또한 독창적이고도 정확했다. 원소가 죽은 후, 조조는 여양(黎陽)에서 물리친 원담(袁譚)과 원상(袁尙)을 기주(冀州)까지 쫓아왔으나 기주 함락이 여의치 않아 속을 썩이고 있었다.

이때, 곽가가 조조에게 말한다.

"기주에서 군사를 거두고, 남쪽으로 가시어 형주의 유표를 정벌하심이 어떻겠습니까?"

다른 모사들은 기함(氣陷)할 지경이다. 전쟁 하나를 제대로 끝내지도 못했는데 도리어 전선을 넓히자니 말이 안 되는 소리다. 그런데 조조는 계책을 묻는다. 곽가가 말한다.

"원래 기주성은 공격하여 함락하기 어려운 성입니다. 그런데 지금 저 원씨 집안은 장자를 폐하고 막내아들을 후사로 내세운 탓에 형제간에 권력을 다투는 중입니다. 지금은 승상께서 계속 공략하

　　　　　　　　　　　　　　　장자방의 후예들

여 가업이 위태로우니 저희들끼리 돕고 있을 뿐입니다. 승상께서 물러간다면 원씨 형제들의 세력 다툼이 점입가경으로 치달아 저절로 자멸할 것이니, 그 뒤에 저들의 상황을 보아 가며 그에 맞춰 적절히 대응한다면 평정하기 더욱 쉬울 것입니다.”

조조는 이 계책을 받아들여 유표를 치러 간다. 그러자 곽가가 예상한 대로 원씨 형제들은 저희끼리 난을 일으킨 끝에 원담이 조조에게 항복해 오고, 이후 조조는 일사천리로 원소의 근거지들을 병합한다.

또 조조가 원소의 근거지들인 기주·청주(靑州)·유주(幽州)·병주(幷州)를 모두 아우르고 원소의 둘째, 셋째 아들인 원희(袁熙)와 원상이 오환으로 도망갔을 때의 일이다. 이때 조조 진영의 장수와 모사들은 회군을 주장한다. 조홍이 말한다.

“원희와 원상은 회복하기 힘들 만큼 패하여 사막으로 도망하였습니다. 화근을 뿌리 뽑아야 하나 그들을 쫓아 사막으로 갔다가 유비와 유표가 빈틈을 타 허도를 기습하면 어떻게 합니까?”

이 말에 모두가 찬성하는데 곽가 혼자서 반대한다.

“지금 우리에게 화근이 되는 자들은 원상과 원희이지, 형주의 유표가 아닙니다. 사막의 무리들은 거리가 멀고 험한 것을 믿고 별로 방비를 하지 않고 있을 것이니 공격하면 무찌르는 데 어려움은 없을 것입니다. 하지만 지난날 원소에게서 많은 은혜를 입었던 오환이 원상과 원희 형제의 기력을 회복하도록 돕는다면 지금의 고생으로는 결코 만회할 수 없는 화를 자초하게 될 것입니다.

유표는 그저 앉아서 쓸데없는 객담이나 즐기는 위인인지라 재주는 유비만 못하오이다. 하나 그도 바보가 아닌지라 그 점을 모를 리 없고, 유비를 쓰지 않고는 아무 일도 못할 것입니다. 하지만 유비에게 중임을 맡겼다가는 제어할 수 없는 사태를 맞는다는 것도 잘 알고 있을 것입니다. 그러니 어찌 유비를 견제하지 않겠습니까? 유표가 유비를 잡아 두는 것은 허도를 공략하기 위함이 아니라 제 땅을 지키려 하는 것뿐이니 우리가 허도를 비워 두고 원정을 나선다 해도 유비는 아무것도 도모할 수 없을 것입니다."

이때 조조는 곽가 홀로 제안한 이 안을 받아들이고 오환정벌에 나선다. 그런데 가는 길에 고생이 너무 심하고, 게다가 곽가까지 병이 드니 조조는 불안해져서 회군하려고 한다. 그러나 곽가가 만류하며 말한다.

"지금 하지 못한다면 다시는 할 수 없습니다. 지금 고생하여 훗날의 화근을 제거하는 것이니 훗날의 더 큰 패업을 이루시기 위해

　　　　　　　　　　　　　　　　　장자방의 후예들

이 고생을 참으소서. 지금부터는 장비를 가볍게 하여 병귀신속[兵貴神速, 용병(用兵)은 한순간도 머뭇거리지 말고 신속하게 해야 한다]하게 하십시오."

조조는 중간에 곽가를 요양하도록 하고, 곽가가 이른 대로 오환을 정벌하여 원희와 원상을 요동으로 쫓아낸 뒤 결국 요동에서 그들을 잡아 목을 바치도록 한다. 그러나 이때 곽가는 병들어 죽는다.

셋째, 조조는 곽가가 마지막으로 개입했던 오환정벌까지 승승장구하며 중원의 주요지역을 거의 평정하고 용병의 귀재로 거듭난다. 그리고 그 용병의 이면에서 채택된 계책을 가장 많이 내놓았던 것은 바로 곽가였다. 실제로 여포를 공격할 때도 추위와 군량 문제 등이 겹쳐 회군하려 하는 것을 말리며 공격을 제안한 것도 곽가였고, 모두가 말리는 오환정벌도 오직 곽가의 계책으로 밀어붙였다.

어찌 보면 조조의 승리는 곽가의 계책을 적극 수용함으로써 가능했다. 곽가의 대책은 모험적이고 대담했지만 언제나 승리할 수 있는 방법만을 활용했고, 실제로 이를 통해 조조는 막대한 성과를 거둔다.

그러나 오환정벌 이후, 즉 곽가가 죽은 뒤로 조조의 정벌 전쟁은 승승장구하던 과거와는 달리 삐걱거린다. 적벽에선 대참패를 했고, 마초(馬超)와는 변변한 전투도 못한 채 절절 매다가 가후(賈詡)의 이간책으로 겨우 마초 무리를 흩어버렸다. 한중은 장로(張魯)가 멍청해서 거저 얻다시피 했을 뿐이었다.

한중을 얻은 뒤 조조는 아직 자리를 잡지 못한 촉의 유비를 치라는 사마의의 건의에도 "만족을 알아야 한다"는 둥 흰소리만 하다 이내 유비에게 한중을 빼앗긴다.

사실 조조는 어느 전투에서든 중도에 포기하려는 성향이 강했다. 관도대전 당시는 그만두고 싶어 하는 조조를 순욱이 말렸고, 오환정벌 때에도 중간에 돌아가려는 주군을 죽어 가는 곽가가 말렸다. 한중에서도 철수하려다가 짙은 안개에 길을 잃고 찾아 들어간 곳이 적군의 군영이어서 어영부영 성을 얻었다.

곽가 사후에 조조는 서량(西諒)과 한중을 얻었으나 한중을 얻은 후 유비를 제거할 수 있는 절호의 기회를 스스로 놓아 버렸고, 그로써 중원 통일군주의 꿈도 물 건너갔다. 오환까지 정벌해 가며 북쪽을 안정시킨 것이 겨우 서량과 한중 정도 얻자고 한 것이 아니었음에도 그는 중원의 통일을 스스로 접은 것이다.

물론 정치적으로는 공작에 오르고 왕이 되는 등 승승장구하며 세상의 온갖 권세를 다 얻었으니 굳이 촉과 오까지 얻지 않았다고

장자방의 후예들

개인적으로 무슨 큰 불편이 있었겠는가. 하지만 중원을 통일하지 못함으로써 그는 역사에서 언제나 간웅(奸雄)이니 뭐니 하며 의심을 받았고, 욕을 먹었다. 유비와 제갈량 집단을 살려 둠으로써 끝내 황실보다 강력한 군벌이 존재할 빌미를 만들었고, 자기 후손들의 왕조를 위태롭게도 하였다.

　마지막으로 주군이 그를 신뢰했다. 신하의 가장 큰 경쟁력은 주군에게 자신의 뜻을 관철시키는 능력, 즉 주군의 신뢰를 받는 것이다. 그런 점에서 곽가는 탁월했다.

　적벽대전 참패 당시 가후는 동오정벌을 말렸고, 정욱은 손권과 유비 사이의 동맹을 걱정했다. 배를 붙들어 매어 둘 때는 순유가 화공을 경계하였다. 이렇게 조조의 참모들은 정확한 계책과 간언을 수없이 올렸으나 조조는 하나도 듣지 않았다.

　곽가가 튀는 간언을 할 때, 조조는 모두의 반대를 무릅쓰고 이를 받아들였다. 반면 다른 모사들의 간언은 그때그때 취사선택했다. 조조가 곽가를 향해 가졌던 확고한 믿음이 다른 모사들에 대해서는 없었거나, 곽가처럼 주군이 하고 싶지 않은 것도 하도록 이끄는 능력이 다른 모사들에게는 부족했다는 말이다.

곽가를 향한 그러한 믿음은 사람 잘 보는 조조가 처음 그를 만났던 순간부터 시작된다.

조조는 순욱의 추천으로 곽가를 만나고 난 뒤 말한다.

"내가 대업을 이루게 할 사람은 바로 이 사람이다."

또 곽가가 죽고 난 뒤 천자에게 올린 표에는 곽가에 대해 이렇게 썼다.

"… 신이 미처 책략을 정하지 못하고 있을 때에도 곽가는 쉽게 처리했습니다. 천하를 평정하는 데 그의 계략과 공적이 높습니다. … 곽가의 공을 돌이켜 보건대, 진실로 잊을 수 없습니다."

또한 그의 죽음을 슬퍼하며 자기 신하들에게 이렇게 말한다.

"여러분은 나와 동년배인데 오직 봉효만이 가장 젊어 천하를 평정하고 난 뒤 그에게 뒷일을 부탁하려 하였는데…."

조조가 자신의 후사를 부탁할 이로 이미 곽가를 점찍고 있었음을 알 수 있다.

곽가는 실로 신하로서는 더 이상 바랄 것이 없는 위치에 있었다. 워낙 인재가 많은 집단에 속해 있었고, 일찍 죽은 탓에 후세에 제대로 인정받지 못했을 뿐이지 살아선 제 뜻을 모두 주군을 통해 달성했다.

내놓는 계책마다 달게 받아먹는 주군을 모시기는 쉽지 않은 일이다. 그 똑똑하고 영민한 주군 조조는 곽가가 올리는 계책마다 모두 받아들였다. 유비가 제갈량의 계책을 받아들였던 것 이상으로 말이다. 그리고 곽가는 화려한 공적을 세웠다. 아무도 이기지 못할 것이라 두려워했던 막강한 원소 진영을 평정할 때도 그가 있었고, 오환까지 정벌해 원소 세력을 뿌리 뽑아 후환을 없애도록 이끈 것도 그였다.

　이런 성과를 거둔 핵심 경쟁력은 사람을 보는 안목이다. 멀리 있어 만나 본 적도 없는 손책·유비·유표까지 정확하게 판단했으니, 그가 조조에 대해서는 얼마나 잘 알았겠는가. 조조는 무척 똑똑하고 천재적인 감각을 지닌 군주였다. 그러나 의심이 많아 좌고우면(左顧右眄) 할 때가 많았다. 곽가는 이럴 때마다 조조가 마음에 걸려 의심하는 문제를 제대로 집어내고, 이를 타개할 계책을 정확하게 제시하는 능력이 탁월했다. 말하자면 가려운 데를 정확하게 찾아내 시원하게 긁어 준 것이다. 손이 안 닿는 등까지도 제대로 긁어 주는데 조조의 입장에선 '그 말이 바로 내 말'이니 안 따를 이유가 없었고, 볼수록 감탄할 따름이었다.

그는 제갈량과 마찬가지로 자기 주군을 자기가 골랐다. 진수의 《삼국지》위서(魏書) '곽가전'에 따르면, 곽가는 원소를 만난 뒤 원소의 모사인 신평과 곽도에게 이렇게 말한다.

"지혜가 있는 사람이라면 주군이 될 사람을 헤아려야만 100번 군대를 일으켜 100번 완벽하게 공명을 세울 수 있는 법인데, 원공(袁公)은 인재를 등용하는 기틀을 알지 못하고, 일을 처리할 때도 요령이 적고 결단력이 없어 패왕의 대업은 정하기 어려울 것이오."

그러고는 원소를 떠났다. 당시 원소는 누가 봐도 최고의 세력이었다. 지금의 삼성이나 현대차처럼 누구나 들어가고 싶어 하는 '신(神)의 직장'이었다. 그러나 그는 주군의 자질을 보고 던져 버린다. 그는 애당초 패왕의 자질이 있는 사람을 고르려고 마음먹은 것이다. 그의 야심은 '킹메이커'였다.

그러고 나서 조조를 만나 면접을 보고난 뒤, 그는 밖에 나와 기뻐하며 말한다.

"조공이 진정 나의 주군이시다."

그는 결국 자신의 마음에 드는 주군을 골랐고, 주군은 그의 재주를 맘껏 펼 수 있게 해 주었다. 그 결과 가는 곳마다 승승장구하였으니 신하로서의 삶에 무엇이 부족했을까. 그의 독창적인 전략과

장자방의 후예들

판단력은 제갈량급이었고, 그를 향한 주군의 신뢰와 지지 역시 제갈량급이었다.

 그럼에도 곽가는 역사가들로부터 조조의 수많은 모사 중 한 명으로만 취급되며 제대로 된 평가를 받지 못한다. 그가 신하로서의 처세 중 한 가지가 부족했기 때문이다.

 그건 바로 오래 살지 못했다는 것. 일찍 죽었다는 점이다. 신하로서 오래 살아남는 것은 절대적 경쟁력 중 하나다.

 '곽가전'에 따르면, 곽가가 품행과 검약을 다스리지 않아 강직했던 진군(陳羣)이 여러 차례 조정에 기소했다는 내용이 나온다. 한마디로 그의 생활태도는 신중치 않고 방약무인하며 자유로웠다는 뜻이다. 그래도 조조가 곽가를 워낙 중시하는 터라 그의 태도는 고쳐지지 않았다고 기록하고 있다. 게다가 조조는 이를 통해 진군이 정도(正道)를 지키려 한다는 점을 알았기에 진군에게도 호감을 가졌다고 한다.

 이로 미루어 보아 조조 역시 곽가의 행동에 문제가 있다는 것은 알았던 것으로 보인다. 그러나 곽가가 워낙 울트라 S급 인재여서 조조는 야단도 못 치고 애지중지했던 것이다.

 그런데 곽가가 계책이나 논의를 전개하는 과정을 보면 교만하거나 사리사욕을 추구하거나 오만방자한 부류는 아니었음을 알 수 있다. 그의 계책은 충직했고, 맑았다. 그러므로 그가 방약무인했다는 말은 술 마시고 노는 데 많은 정력을 낭비했다는 의미인 듯하다. 말하자면 제 건강을 해치는 쪽으로 방약무인했다는 말이다. 그리고 건강관리를 제대로 못 했으니 긴 여정에 탈이 나 병에 걸려 죽은 것이다.

곽가는 주군의 운명을 좌우하는 결정적 요소가 바로 신하라는 사실을 증명하는 인물 중 하나다. 하지만 그는 신하로서의 중요한 경쟁력, 즉 건강하게 오래 사는 경쟁력이 없었다. 그 탓에 워낙 인재가 많았던 그 시대에도 드문 재주를 보였지만 다 펴 보지 못하고 죽어 후대에까지 박한 평가를 받는다.

장자방의 후예들

노숙
魯肅

깊이 생각하고 멀리 내다본(深慮遠謨) 통 큰 신하

노숙(魯肅, 172~217)

- **자**   자경(子敬)
- **소속**   동오, 손권
- **출신**   임회군 동성현(臨淮郡 東城縣) 사람. 유복자로 태어났으나 부유하여
            일찍이 재산을 풀어 가난한 사람들을 구제하고 주위에 베풀어 칭송을 받는다.
- **출사**   주유의 소개로 동오의 손권에게 출사. 주유 사후 동오의 대도독에 오른다.
- **사망**   217년에 병으로 사망한다.

> 66
>
> 주공이 제업을 달성해
> 노숙의 이름이 죽백에 오르는 날에야
> 비로소 흡족할 것입니다
>
> 99

세상을 살다 보면 뜻밖의 인물이 자신을 보호해 주는 수호천사가
되기도 하고, 자신도 생각지 못한 사이에 누군가를 보호해 준 수호
천사가 되어 있기도 한다. 노숙은 유비에게 이런 수호천사 같은 역
할을 한 사람이다. 물론 노숙은 자기 주군인 손권의 입지를 다지기
위해서 한 일이었지만, 결과적으로는 궁지에 몰렸던 유비가 숨통
을 트는 데 결정적인 역할을 한다. 유비의 기사회생(起死回生)은 후
한 말의 역사가 삼국시대로 이어지는 중요한 전환점이었다.

이런 점에서 후한 말 이후 삼국시대가 정립되는 데 결정적인 역
할을 한 최고의 전략가를 꼽으라고 한다면 단연코 노숙을 제일 앞
자리에 세우고 싶다.

조조가 형주를 아우르고 동오의 목전에서 군사시위를 할 때, 유
비를 찾아가서 제갈량을 동오로 데리고 온 것이 노숙이었다. 당시
동오 명사(名土)의 우두머리였던 장소를 비롯해 대부분의 모사들

은 조조에게 항복하자고 손권을 조르고 있는 판국이었고, 노숙은 홀로 조조와 항전할 것을 우기면서 조조의 허실을 알려 손권에게 항전 의지를 불어넣고 있었다. 이런 노숙의 동분서주 덕분에 다 죽게 생겼던 유비가 회생의 실마리를 찾게 된다.

개성 강한 수하들과 첨예한 이해관계의 대립 속에 있었던 손권은 유비 집안과 서로 협력하여 조조를 견제하며 삼국의 캐스팅 보트를 쥔 중간자로 나서면서 무난히 삼국의 기틀을 마련하고 나라를 정착시킨다. 그 배경에는 노숙의 배려와 온화한 중재가 결정적 역할을 했다.

노숙이 죽고 난 뒤 동오에서 유비 진영에 대한 배려가 사라지자, 오나라는 관우를 토벌하고, 유비와 전쟁을 벌이는 등 곧바로 촉과 가장 큰 원수지간으로 변한다. 이 과정에서 유비·관우·장비 삼형제가 모두 죽음에 이르렀고, 손권은 위(魏)황제 조비에게 머리를 숙이며 신하를 자처하는 일이 벌어진다. 수호천사 노숙이 사라지자 유비와 손권은 점입가경으로 달려간다.

노숙은《삼국지》에 등장하는 뛰어난 책략가들 중에서도 가장 안정되고 성공적인 모사였다. 비록 45세의 젊은 나이로 병을 얻어 죽

장자방의 후예들

었지만, 죽는 순간까지 자기가 하고 싶은 것은 다 이루었다. 그리고 그 어지러운 난세의 국제적 역학관계, 유비·관우·제갈량 같은 호락호락하지 않은 상대와 손권·주유처럼 쉽지 않은 아군 사이에서 양자가 빚어내는 역학관계를 부드럽고 순조롭게 풀어 나갔다.

《삼국지연의》 속의 노숙은 제갈량에게 속아 넘어가고, 유비와 손권 사이에서 이리저리 치이는 것처럼 묘사된다. 하지만 소설 속에서도 그가 한 역할과 행적을 좇아가 그 이면을 좀더 깊이 들여다보면 그 모든 상황을 장악하고 있었던 인물은 오히려 노숙이라는 사실을 알게 된다.

주군인 손권조차 선뜻 나서지 못하는 조조와의 전쟁을 밀어붙여 적벽대전으로 대승리를 거두기까지, 그리고 적벽대전에서 나라의 막대한 자금과 군사력을 기울여 조조를 물리치고 확보한 형주를 유비가 차지해 버린 이후로도, 얄미운 유비 진영과 평화를 유지하며 조조를 견제함으로써 동오를 지킨 것은 사실 노숙의 공로였다.

노숙의 경쟁력은 냉정한 현실인식을 바탕으로 주군인 손권보다 더 큰 꿈을 꾸었던 '통 큰' 참모였다는 점에서 찾을 수 있다.

제갈량이 융중의 초려로 찾아온 유비에게 '천하삼분지계'를 건의한 것은 너무 유명한 이야기다. 그러나 이보다 앞서서 노숙이 손권에게 이 비슷한 전략을 제안하는 장면이 《삼국지》에 나온다.

　노숙이 손권을 처음 만나게 되는 사연은 이렇다. 노숙은 원래 친구 유자양(劉子揚)과 함께 다른 제후의 초청을 받아 가던 중이었다. 이때 적벽대전의 영웅이 되는 동오의 큰 인물 주유가 노숙에게 와서 손권에게 출사하라고 권한다. 주유는 "군주가 신하를 선택하는 것은 당연한 이치이나 신하도 임금을 골라 섬겨야 한다"며 손권을 섬기는 이로움에 대해 설득한다.

　주유와 노숙은 두텁게 사귀었던 친구였다. 주유가 죽음을 앞두고 자신의 후임으로 노숙을 추천했을 만큼 서로 믿는 사이였다. 노숙은 친구 따라 강남 간다고 손권에게로 간다. 손권은 첫눈에 노숙을 좋아하여 각별하게 대하면서 하루 종일 노숙과 담론을 하면서도 지루한 줄을 모른다.

　손권은 하루 업무가 끝나고 문무관원이 모두 돌아간 뒤에도 노숙만을 남겨 두어 함께 술을 마시고 밤이 깊도록 이야기하며, 함께 나란히 누워 잠을 잔다. 손권이 말한다.

　"나는 부형의 가업을 이어받아 강동을 경륜할 것이나 이왕에 이 자리에 오른 이상 춘추오패인 제환공(齊桓公)이나 진문공(晉文公)

처럼 황실을 떠받들어 패업을 이루고자 하는 뜻이 있소. 공은 이 점을 염두에 두고 나를 가르쳐 주셨으면 하오."

이에 노숙은 다른 처방을 준다.

"한(漢)고조께서 의제(義帝)를 받들어 섬기려 했으나 항우의 방해로 뜻을 이루지 못했습니다. 지금 조조가 마치 항우와 같사옵고, 자기가 마치 제환공인 것처럼 행세하고 있사온데 무슨 수로 춘추오패의 뜻을 잇겠습니까? 지금 이 시국을 관망하건대 한실의 부흥은 물 건너간 이야기입니다. 그보다 지금은 오직 강동에서 세를 확립하고 천하의 틈을 관망하여야 합니다. 지금 우리가 해야 할 일은 북방이 소란스러운 틈에 황조(黃祖)와 유표를 쳐서 형주 일대를 장악하고 장강(長江) 전역을 차지하여 지키다가, 이후 황제로 오르면 이는 곧 한고조가 대업을 이룬 것과 다를 바 없습니다."

노숙은 손권에게 한나라를 건국한 유방이 되라고 권한 것이다. 실제로 제갈량의 삼분지계 또한 조조를 항우의 위치에 두고, 유비에게 유방이 되라고 한 것이었다. 노숙의 대업과 제갈량의 삼분지계는 모두 유방의 건국을 롤모델로 하고 있었다. 유방이 되어 대업을 이룬다면 반드시 얻어야 할 인물이 바로 '한신'이다.

대업을 언급할 당시 노숙에게는 한신의 존재가 미미했고, 다만 기회를 보아 유표의 땅을 빼앗고 익주를 아울러 초나라와 한나라처럼 양국이 대립하는 형세로 가는 방안을 제시한 것이었다. 반면 제갈량의 삼분지계는 조조가 항우, 유비가 유방, 손권이 한신이라는 틀을 갖춰 설명했으므로 훨씬 구도가 안정적이었고 분명했다.

그런데 조조가 형주를 정벌하는 과정에서 노숙이 유비를 향해 분주히 움직인다. 이때부터 노숙은 유비를 손권의 대업을 위한 '한신'으로 염두에 둔 것이 분명하다. 그는 눈앞의 이익만 따지던 다른 손권의 모사들이나 심지어 주유와도 달리 심려원모(深慮遠謨, 깊이 생각하고 멀리 내다봄)의 혜안을 가지고 움직였다.

이를 알아봐 준 것이 주군인 손권이었다. 노숙은 주군을 제대로 고른 것이다. 손권은 욕심의 크기가 만만치 않았으나 방향을 제대로 못 잡고 있었다. 이에 노숙이 방향을 알려 주고 청사진을 그려 내놓자 그는 단박에 알아차리고 이를 접수한다. 뜻이 통하는 주군을 찾아냈다는 점에서 노숙은 행복한 신하였다.

조조가 형주를 아우른 뒤 강동과 마주 보이는 강변에 300리에 걸쳐 83만 대군을 집결시키며 시위한 사건은 강동으로서는 절체절명의 위기였다. 중원을 거의 다 정복한 패자(覇者)와 더불어 싸우고자 용기를 낼 수 있는 사람은 많지 않았다. 더구나 조조는 황제의 칙명을 앞세우고 있으니 명분상으로도 우세했다. 조조의 군대에 대적하는 것은 황제의 칙명을 어기는 행동이니 신하의 나라 강동으로서는 만일 패한다면 갈 곳이 없는 역모의 땅이 되는 일이었다. 승리할 자신이 없다면 항복하는 것이 이치상 맞았다.

손권의 모사들은 모두 항복을 권한다. 그러나 노숙만 홀로 부지런히 제갈량을 모셔오고, 손권을 붙들고 "저 수구 꼴통들의 말을 듣지 말라"고 주장한다.

그는 왜 항전해야 하느냐고 묻는 손권에게 말한다.

"주군과 신하는 입장이 다르기 때문입니다. 우리 같은 신하들이야 조조에게 항복한다 하더라도 돌아갈 고향땅이 있어 그곳에서 미관말직이나마 할 수 있고, 잘하면 황제의 직인이 담긴 임명장을 받아 계속해서 한실의 신하로 살 수 있습니다.

그런데 주군께서 항복하신다면 대체 어디로 가실 것입니까? 물론 후(侯)에 봉해지고, 수레 한 대에 말 한 필, 종자 두어 사람은 붙여 주겠지만, 모든 야망과 힘을 내려놓고 그저 세월이 흐르기만을 기다려야 하실 것입니다. 남면(南面, 임금의 자리)하시어 천하를 내려다보고 패업을 달성할 꿈을 어찌 꿀 수 있겠습니까? 다른 사람들이야 항복을 하면 환란을 피하고 처자식과 자신의 몸을 안전하게 지키며 자기 신상에도 큰 변화가 없을 것을 알고 모두 제 한 몸 아껴서 하는 말일 뿐입니다. 결코 귀담아 듣지 마십시오."

노숙의 야망은 다른 문신들과 애당초 크기도 방향도 달랐다. 패업으로 가기 위해서는 반드시 조조를 넘어서야 한다는 것을 강조한 것이다.

손권은 영명한 지도자였다. 말귀를 알아들었을 뿐 아니라 욕심도 그만큼 큰 리더였다. 그는 노숙의 손을 잡으며 말한다.

"문관들의 의견이 내 뜻에서 벗어나고 실망스럽더니만, 오로지 자경(子敬)만이 나와 뜻이 같구려. 자경은 내게 하늘이 내린 사람이오."

그래도 강동 백성들의 생명이 걸린 문제에 군주는 고민할 수밖에 없다. 고민을 거듭하는 손권에게 노숙은 제갈량과 주유를 들이대며 그를 항전 쪽으로 밀어붙인다. 그리고 주유는 적벽대전에서 조조를 상대로 대승을 거둔다. 노숙은 대업을 향한 한 걸음을 이렇게 성공적으로 내딛는다.

그러나 손권을 위한 '한신'으로 영접한 유비라는 인물이 정말 만만치가 않다. 승리를 얻어 손권에게 바치는 게 아니라 오히려 동오가 얻은 승리의 이익을 몽땅 자기가 털어먹어 버린다.

남군성 공략에서 주유가 독화살을 맞고 피까지 토하며 자기가 죽은 것처럼 위장해 겨우겨우 승리의 기틀을 마련하자, 제갈량은 조자룡(趙子龍)에게 말을 달려 들어가도록 한 것만으로 성을 냉큼 집어삼킨다. 그리고 연이어 남군성의 병부를 이용해 형주와 양양의 위나라 군대를 밖으로 불러내고는 역시 전광석화(電光石火)로 먹어 버린다.

토인비 선생이 말했다. 과거에 성공했던 전략이 오늘 비슷한 상황에서도 먹힐 것이라고 판단해선 안 된다고. 오히려 사건의 구도가 비슷해도 상황은 달라지기 때문에 과거 성공의 경험이 발목을 잡아 실패를 부르는 경우가 더 많다고 말이다.

구도는 과거 항우와 유방이 맞섰던 때와 비슷하지만, 조조는 항우가 아니었고, 유비는 한신이 될 생각이 없었다. 이미 후한 말을 전개한 인물 중에는 항우·유방·한신으로 분류할 만큼 비슷한 점이 있는 사람들은 없었다. 상황은 사람이 만들어 가는 것이므로 사건 구도가 비슷해도 전개양상은 완전히 달라진다.

노숙은 여기에서 실수를 하였다. 그러나 그의 뛰어난 점은 뒤통수를 얻어맞고도 이성을 잃지 않는다는 것이다.

이 상황에서 주유는 피를 토하며 쓰러지고, 원한에 사무쳐 유비와 일전을 치르려고 한다. 실제 주유의 성격이라면 그러고도 남았다. 만일 이때 주유와 유비가 부딪쳐 싸웠다면 승리는 조조가 챙겼을 것이다.

그러나 노숙이 있었기에 주유는 잘못된 길로 가지 않았다. 노숙은 주유를 말리며 말한다.

"지금 우리의 적이 누구인지 잊지 마십시오. 우리의 적은 조조입니다. 그리고 아직 우리는 조조와 승패를 가리지 못했습니다. 이런 상황에서 연합군인 유비와 싸우면 조조에게 빌미를 주게 됩니다. 그렇게 되면 우리는 양쪽의 적을 맞아야 합니다. 만일 우리가 공격하여 사태가 급하게 돌아갈 때에 유비가 형주 땅을 모두 조조에게 바치고 합세하여 동오를 치려고 하면 어찌할 것입니까?"

노숙은 유비를 제대로 파악하고 있었다. 유비는 자기 이해관계에 따라 어디에라도 붙을 수 있는 인물이었다. 그는 처음엔 공손찬(公孫瓚)을 도와 원소와 싸우고, 나중엔 도겸을 도와 조조와 싸우고, 그러더니 또 조조와 더불어 여포와 싸운 다음엔 원소를 도와 조조와 싸우고, 유표를 도와 조조를 막는 등 필요에 따라 순식간에

장자방의 후예들

적도 됐다 아군도 됐다 하며 정신없이 파트너를 바꿔치는 데 이골이 난 인물이었다.

그래도 노숙은 유비가 정족지세(鼎足之勢)의 한쪽을 차지해 동오의 협력 상대가 되어야 조조를 견제할 수 있다는 현실을 결코 놓치지 않고 실리적인 외교를 펼친다. 손권조차도 형주를 냉큼 삼켜 버린 유비를 향해 분노를 금치 못하고 수시로 출병하려고 하는 마당에, 그는 이성을 잃지 않고 세력이 약한 동오와 유비 진영이 협력을 유지하는 것만이 강한 세력인 조조에 맞서는 길임을 잊지 않는다. 노숙은 분주히 동오와 유비 진영을 오가며 양쪽을 진정시키고 협력의 끈을 이어 가는, 참으로 욕먹을 일은 많고 빛도 나지 않는 고단한 역할을 맡는다. 그러나 당시 정국 구도를 안정시키는 데는 가장 중요한 역할이었다.

이렇게 빛도 나지 않고 욕이나 얻어먹는 일을 군소리 없이 자청하여 해낸 것은 그의 욕심과 야망이 끝도 없이 컸기 때문이다.

노숙의 욕심과 야망을 드러내는 일화가 있다. 적벽대전 이후 합비를 공격하던 손권에게 노숙이 찾아온다. 이때 손권은 친히 군영 밖으로 나와 노숙이 오자 말에서 내려 노숙을 맞이한다. 이 모습에 모든 장졸들이 놀라고 노숙도 황망하게 말에서 내려 절을 한다. 손권은 노숙과 함께 말을 타고 군영으로 들어가면서 말한다.

"내가 말에서 내려 공을 영접하여 빛나게 하였소. 흡족하시오?"

노숙이 대답한다.

"아닙니다."

"어찌해야 그대의 마음이 흡족하겠소?"

"주공의 위엄과 덕망이 사해에 떨치고, 중원 9주를 통솔하고, 능히 제업(帝業)을 이루어, 이 노숙의 이름이 죽백(竹帛, 사서)에 오르는 날이 되어서야 비로소 저의 마음이 흡족함을 알 듯합니다."

이는 단순히 아부하는 말이 아니었다. 그는 오직 '킹메이커' 외길을 선택했고, 실제로 천하의 제갈량과 유비를 상대로 주군인 손권의 이익을 도모하기 위해 동분서주하여 고단한 여정을 계속함으로써 자신의 말을 실행에 옮겼던 것이다.

그런데 고생이야 어쨌든 노숙이야말로 참으로 부럽도록 행복한 신하였다. 그 뛰어난 제갈량도 워낙 기반 없는 주군을 모시다 보니 온갖 양심 없는 짓을 수시로 저질러야 했다. 청아한 순욱은 마지막엔 주군에게서 버림받는다. 그러나 노숙은 자기를 알아봐 주고, 자기 욕심의 크기만큼 따라오는 영명한 주군을 모셨다. 또 주군의 기반이 튼튼하니 양심에 거리낄 것 없이 유비 진영을 상대로 갑(甲)

의 입장에 설 수 있었다.

내게 어떤 신하의 삶을 살고 싶으냐고 묻는다면, 단연 노숙과 같
은 인생이다.

이렇게 젊은 손권의 튀는 모사(謀士)였던 노숙의 경쟁력은 어디
에서 온 것일까?

노숙은 유복자로 태어났으나 부유했다고 전해진다. 그런데 집안
내력은 알 길이 없다. 다만 부자였던 것이다. 나중에 위나라 황제
조비가 오나라 사신 조자(趙咨)에게 손권에 대해 묻자 "저의 주공
은 지위가 낮은 집안의 노숙을 발탁할 줄 알았다"고 말하였다. 이
이야기로 보아 노숙은 손권의 모사 주류를 이루고 있던 호족 명사
들과는 신분이 달랐던 것이다.

지연·혈연·학연에서 자유로웠던 그는 남다른 생각을 하고 남
다른 꿈을 가질 수 있었던 것으로 보인다. 실제로 탯줄을 끊으면서
부터 엘리트 인맥을 자랑하는 사람들이 틀에 박힌 사고와 안정성
추구에 진력하는 반면, 시대의 창의성을 개척하는 사람들은 '변방'
에서 많이 나온다. 그들은 기존 세력의 기득권에 대항하는 입장이
기에 새로운 질서를 만드는 데 거치적거리는 것이 없다.

《삼국지》에서도 남다른 성취를 하는 사람들을 보면 타고난 귀공자가 아닌 경우가 더 많다. 이른바 명사로 불린 호족 출신 지식인 중에 관료 사회의 높은 자리에까지 오른 사람은 많으나, 정작 눈에 띄는 업적을 보여 준 사람은 그다지 많지 않다. 제갈량도 호족 출신이었지만 일찍이 아버지를 여의고 농사를 지으며 귀공자의 삶에서 벗어난 생활을 살아 본, 인생의 쓴맛을 아는 지식인이었다.

출신성분과 인맥·학맥의 불리함은 꿈을 꾸고 대업을 성취하는 데 불리한 조건이 아니다. 오히려 탄탄한 지연·혈연·학연은 돌아볼 곳만 많게 만들어 걸림돌이 될 우려가 있다. 외인부대로서의 경쟁력은 더 큰 성취를 이루어 낼 수 있는 원동력인지도 모른다.

후한 말 난세에 손권을 앞세워 새로운 패업을 달성하고자 했던 노숙은 꿈을 이루지 못하고 일찍 죽었다. 훗날 손권이 제위에 올라 단에 올라갔을 때, 공경(公卿)들을 돌아보며 이렇게 말했다.

"옛날 노자경(노숙)이 일찍이 내가 제위에 오를 것이라고 말했는데, 그는 형세 변화에 밝았다 할 것이오."

오직 주군인 손권은 그를 알아봐 주었지만, 노숙은 동오의 부중(府中)에서 칭찬받는 삶을 살지는 못했다. 그는 염치라고는 없는 유비 진영과 평화를 유지하며 삼국시대를 정립하는 일에 고단하고

장자방의 후예들

분주하기만 했다. 그런 궂은 인생을 버티게 해 준 힘은 바로 손권이라는 탁월한 주군을 만나 자신도 '킹메이커'가 될 수 있으리라는 원대한 꿈과 희망을 가졌기 때문이리라.

조직에선 욕먹고 빛나지 않는 일 중에 진짜 큰 성취를 이룰 만한 일이 많다. 꿈과 희망이 있다면 '조직의 쓴맛'과 궂은일은 얼마든지 감내할 수 있는 법이다.

방통

龐統

못생긴 외모 때문에 저평가됐던 우량주

방통(龐統, 178~213)

- **자**   사원(士元)
- **별호**   봉추(鳳雛, 봉황의 새끼) 선생
- **소속**   촉한, 유비
- **출신**   양양군(襄陽郡)에서 출생.

  사마휘로부터 '남주(南州)의 제일기재'라는 평을 듣고

  일찍이 유명한 선비의 반열에 올라선다.
- **출사**   남군(南郡) 공조(군사들의 공로를 기록하는 자리)로 시작하여

  주유가 남군태수이던 당시 잠시 함께 일하였다는 기록이 있다.

  유비에게 발탁돼 치중종사를 거쳐 군사중랑장이 된다.
- **사망**   유비의 서촉공방전 당시 낙성 점령전투에서 화살에 맞아 전사한다.

  당시 나이 36세였다.

> **"** 평화 시의 도리와 난세의 도리는 다르다 **"**

《삼국지연의》에서 가장 안타까운 장면을 꼽으라면 방통이 낙봉파(落鳳坡)에서 화살을 맞고 전사하는 장면을 드는 사람이 많지 않을까. 내 경우엔 그렇다.

떠돌이 영웅 유비의 성공시대는 제갈량을 얻으면서 시작되고, 유비가 패업으로 가는 기반인 촉(蜀)을 얻게 된 데에는 방통의 공이 으뜸이다. 소설에서도 방통의 이름은 제갈량과 함께 처음부터 거명된다. 유비가 길을 잃고 수경선생(水鏡先生) 사마휘(司馬徽)의 장원에 갔을 때, 사마휘는 유비에게 천하기재 두 사람을 천거하며 이렇게 말한다.

"복룡과 봉추 둘 중 하나만 얻어도 가히 천하를 바로잡을 수 있을 것입니다."

복룡은 제갈량이었고, 봉추는 방통이었다. 명사들의 본거지 영천에서도 마당발이었던 사마휘 선생이 스무 살 된 방통과 한나절을 이야기한 뒤 '남주(南州) 선비들 중 제일기재는 방통'이라고 꼽으며 동네방네 소문을 낸 덕에, 방통은 이미 중원에서도 그 이름이 떠들썩한 유명한 선비였다.

그런데 유비는 제갈량을 세 번이나 초려로 찾아가 울며불며 매달려서 모셔온 반면, 방통은 제 발로 찾아왔는데도 썩 탐탁잖게 대접한다. 그리고 사방 백 리밖에 안 되는 뇌양현(耒陽縣) 현령으로 발령을 낸다.

실제로 유비는 뇌양현령에서도 면직된 방통을 노숙 등의 천거로 제대로 면접한 뒤에야 그의 재주가 '백리지재'에 머물지 않는 비상한 면이 있음을 깨달아 비서실장격인 치중종사로 삼고, 나중엔 제갈량과 함께 군사(軍師)로 삼는다.

그 이전에도 방통은 주유가 죽은 후 노숙의 천거로 손권을 만난 일이 있다. 하지만 손권 역시 이 유명한 기재에게 자리를 주지 않았다.

이 천하기재가 이렇게 박대를 받은 이유는 외모 때문이었다. 진수의 《삼국지》에서 그를 소개하는 첫마디는 "어릴 때 소박하고 노둔해서 그를 높이 평가하는 사람이 없었다"는 것이다. 한마디로 작

장자방의 후예들

고 못생겼다는 이야기이다. 실제로 그의 외모는 추하게 묘사된다.

제갈량은 키가 180cm가 넘고 당당하며 호감가게 생겨서 외모부터 먹고 들어간다. 그런데 방통은 일단 겉모습에서 호감을 주지 못하니 내면까지 들여다보려고 하지 않아 군주들로부터 저평가를 받은 셈이다. 그러나 한번 제대로 일을 시작한 그는 놀라운 성취를 보여 준다.

방통과 제갈량은 같은 군주를 모셨고 친구였으며, 애당초 서로 우열을 가리기 힘든 재사들로 꼽혔기 때문에 늘 함께 비교된다. 그런데 두 사람의 스타일은 완전히 달랐다.

제갈량이 언제나 주군의 뜻을 받들어 그 뜻에서 어긋나지 않게 도모하여 성취하는 '과잉보호형'이라고 한다면, 방통은 방향을 정하고 이를 향하여 밀어붙이는 '목표지향형'이었다.

예를 들어 제갈량은 유비에게 형주를 취하라고 권하지만 유비가 "그것은 도리에 어긋난다"며 거부하니 더 이상 밀어붙이지 않는다. 그는 유비가 그렇게 목을 매는 명분을 챙기는 데에까지 세심하다. 관우 사후에 유비의 결정적인 실책이라 할 수 있는 동오 진격에 앞서 조자룡이나 진복(秦宓)까지 나서서 결사적으로 주군을 말리는 동안에도 제갈량은 총력으로 유비를 만류하지 않는다. 다만 다른 신하들에 등이 떼밀려 조정 신료들을 이끌고 가서 그들을 대변해 아뢰는 정도다.

그는 언제나 유비의 결정을 우선적으로 존중했다. 대신 유비의 심기에 대단히 민감해서 주군이 맘속으로는 하고 싶으나 차마 겉으로 드러내지 못하는 경우에는 기민하게 알아차리고 자신이 대신 저질러 주군의 이익을 챙겨 줄 뿐이었다. 그는 주군이 선택의 기로에서 갈등을 하면 기다렸다. 그래서 손해를 보는 일도 있었고, 시기를 놓치기도 했다. 한마디로 유비의 입장에선 '입안의 혀'와 같은 존재였다. 실제로 제갈량은 주군인 유비를 깊이 존경하고 흠모하였던 듯하다.

오히려 이 때문에 유비가 촉 땅으로 들어가면서 방통을 군사로 삼아 데려간 것은 최고의 선택이었다. 방통은 자기 스타일을 고수하면서 주군을 성공시키는 방법을 알고 있었다.

먼저 방통은 목표를 정해 놓고 주군까지도 밀어붙여 선택하도록 만드는 힘이 있었다.

서촉을 정벌하는 일을 놓고 유비는 인의(仁義)와 실리(實理) 사이에서 갈팡질팡하는 경우가 많았는데, 이럴 때마다 방통은 답안지를 마련해 놓고 유비를 강하게 밀어붙인다.

조조가 서량을 정벌한 뒤 다시 한중을 공략할 것이라는 소문이 돌아 중원 서쪽의 위기감이 높아지고, 한중의 장로는 촉 땅을 빼앗아 조조와 맞서려 하면서 정국이 변화한다. 이때 촉(蜀)의 유장은 스스로를 방어할 능력이 부족했다. 이에 유비에게 구원을 요청한다. 그러나 유비와 모사들은 이 기회에 자신들이 촉을 가지겠다는 일념에 불타고 있었다. 그러면서도 '착한 유비 콤플렉스'에 시달리는 주군은 고민에 빠진다.

유비는 조조가 급하고 포악하게 굴면 자신은 느긋하고 어질게 행동해 명성을 쌓아 왔는데, 자신이 종친인 유장의 기업을 빼앗는다면 비난이 닥쳐올까 두려워한다. 이에 방통은 말한다.

"이런 난세에 한 가지 도리만 좇고 일상의 이치만 따진다면 한 발짝도 앞으로 나가지 못합니다. 평화 시에 따라야 할 도리와 난세의 도리는 다릅니다. 난세에는 뒤로는 무력으로 취하고 앞으로는 권위로 다스려 평정하는 것이 도리입니다."

이 말에 현덕은 확 깨닫는다.

서촉으로 들어간 이후에도 방통은 처음 대면하는 자리에서 유장을 쳐서 없애려고 한다. 유비가 말렸지만 방통은 도모하는 바를 멈추지 않는다. 물론 나중에 유비가 나서서 막긴 했지만, 그는 이렇게 목표가 정해지면 우직하게 밀어붙였다.

또 가맹관(葭萌關)에 주둔하던 중 이젠 서촉을 공략할 때가 되었다고 판단된 순간, 그는 유비에게 세 가지 계책을 들이밀며 선택하라고 한다.

"상책은 정예병을 가려 뽑아 밤낮을 가리지 않고 지름길로 달려가서 성도를 급습하는 것이며, 중책은 먼저 부수관을 점령하고 곧장 성도로 향하는 것이며, 하책은 백제(白帝)로 물러났다가 형주로 곧장 귀환해 서서히 일을 도모하는 것입니다."

유비는 여기에서 중책을 선택하고, 방통은 신속하게 군사를 움직여 그대로 실행에 옮긴다. 그리고 부수관을 지키던 양회와 고패를 계책으로 불러내 참수한다. 이 두 장수를 참수하는 문제에서 유비는 머뭇거린다. 그러나 방통은 그런 주군의 망설임에 아랑곳하지 않고 그대로 형을 집행해 버린다.

이렇게 방통은 실전에서의 계책과 실행력에서 과감하고 신속해 제갈량을 앞서는 면모를 보인다.

《삼국지연의》는 제갈량을 질투한 방통이 제갈량의 우려를 무시

장자방의 후예들

하고 고집을 부리며 낙성(維城)으로 진군하다 죽는 것으로 묘사한다. 제갈량과 방통 사이에 질투가 있었을까? 아마 있었을 것이다.

공사(公事)에는 원래 친구도 형제도 없는 법이다. 유비에게 익주(서촉)를 바치기 위해 모의했던 장송의 역모를 고변한 것은 그의 친형이다. 제갈량도 친형인 제갈근이 손권의 사자로 와서 자기 식구들이 다 죽게 됐다고 하소연했지만 유비와 연극을 벌이며 청을 들어 주지 않는다.

하물며 친구야 더 말해 무엇하겠는가. 뜻이 맞으면 힘을 합치고, 경쟁 상대가 되면 원수 되는 것은 조직에서 쉽게 일어나는 일이다. 아무리 친한 친구라도 같은 조직에서 공명을 다툴 때는 우정이 아닌 실리를 따지기 때문이다. 실리 앞에선 친구가 순식간에 적이 되고, 적도 한순간에 친구가 될 수 있다.

그러므로 주군으로부터 막상막하의 사랑을 받는 두 친구 사이에 심한 경쟁심과 질투는 당연히 있었을 것이다. 없었다면 그건 신선의 세계에서나 벌어질 일이다.

물론 그런 질투심이 길을 잘못 들면 파멸을 가져올 수도 있다. 동오 적벽대전의 영웅 주유처럼 말이다. 그러므로 경쟁심과 질투심을 어떻게 관리하느냐는 문제가 조직에서의 성패를 가름하기도 한다.

그러나 방통의 죽음이 소설에서처럼 질투심에 눈이 먼 끝에 벌어진 사건인지는 알 수 없다. 소설에서는 부수관을 점령한 후 낙성을 얻는 데까지 꽤 후다닥 지나가 버리지만, 실제로는 1년이 넘게 걸렸던 전투였다. 또 서촉공방전은 3년을 끌었던 전쟁이었고, 방통은 그 전투 과정에서 눈먼 화살에 맞아 죽은 것으로 알려져 있다. 즉, 전장에서 어지러이 날아다니던 화살, 누가 쐈는지도 모르는 화살에 맞았던 것이다.

소설에서는 방통이 죽은 후 제갈량이 장비와 조자룡을 데리고 익주로 오는 것으로 되어 있지만, 실은 방통이 낙성을 깨는 전투를 벌이는 동안 제갈량은 이미 서촉의 다른 지방들을 함락하고 있었다는 설도 있다.

한편, 방통은 장자방의 지모를 가졌으나 신하의 처세에선 제갈량보다 경쟁력이 떨어지는 면모를 보인다. 한 예로 방통은 주군의 잘못된 처신을 직선적으로 지적한다.

유비가 양회와 고패를 죽이고 부수관에 무혈입성한 뒤 잔치를 열며 흥에 겨워 말한다.

"군사, 오늘 이 자리야말로 흥에 겹지 않소?"

이때 방통이 말한다.

"남의 나라를 치고 나서 이토록 즐거워하시니 어진 사람이 취할 도리가 아닌 듯합니다."

이 말에 유비가 화를 내며 나가라고 소리치고 난 후 이내 반성하고 사과한다. 반성과 사과, 낮은 자세를 보일 줄 아는 것은 유비 리더십의 큰 덕목이었다. 그러자 방통은 두 번의 사과를 받고 나서야 말한다.

"군신(君臣)이 함께 잘못했습니다."

방통은 자아가 너무 강해 주군과 이런 부딪침까지 만들어 낸 것이다.

이럴 때 제갈량이라면 어떻게 했을까? 아마도 앞에서는 유비의 말을 들어 주며, 유비가 취한 것을 핑계 삼아 다른 곳으로 데려가 그런 모습을 남들이 보지 못하게 했을 것이다.

사실 유비의 행동은 그동안 유비가 앞세운 이미지, 즉 '인의(仁義)의 군자'가 해야 할 바가 아니었다. 밖으로 알려지면 분명 진정성을 의심하는 무리들이 생길 만한 행동이었다. 그러므로 마음속이 진정 즐거웠다 해도 밖으로 드러내면 안 되는 것이었다. 방통의 지적은 옳았다. 이는 방통의 안목이 높고 식견이 탁월했음을 보여 주는 대목이기도 하다.

제갈량도 이런 이치는 깨달았을 게 분명하다. 그러나 그는 주군의 잘못을 드러내지 않고 감출 줄 아는 사람이었다. 분명히 혼자서 주군도 다른 병사들도 눈치채지 못하도록 감추는 방도를 찾아냈을 것이다. 그러나 이때 방통은 대놓고 지적하는 방법을 선택한다.

실제로 방통은 사람들의 인물평을 즐기고, 칭찬을 많이 해서 스스로 격동되도록 격려하는 스타일이라고 한다. 한마디로 좋은 선생의 자질을 타고난 사람이었다. 이런 사람은 아랫사람에게는 좋지만 윗사람과는 불화할 가능성이 많다. 그에겐 사람의 행실과 됨됨이가 보이고, 잘못된 점은 고쳐 주려는 강한 욕구가 있어서 윗사람이라고 그냥 넘어가지 않기 때문이다. 그리고 이런 태도는 윗사람을 불편하게 만든다. 더욱이 옳은 지적일 때는 더욱 불편하고, 화가 나게 만든다.

윗사람은 늘 자신이 도덕적으로도 우월하다고 믿고 싶어 하고, 그렇게 믿도록 주변에 강요할 수 있는 권력도 있다. 그래서 진실하고 옳지만 윗사람의 자만심에 흠집을 줄 수 있는 말을 할 때는 자신의 목숨을 내놓을 각오를 해야 한다. 옳은 말을 하고 핍박당한 뒤 이에 저주하며 분노하는 것은 세상 이치를 알지 못하는 짓이다.

장자방의 후예들

물론 이런 리더들의 행태는 세상을 어지럽게 하고 수많은 신하들을 위태롭게 하지만, 세상은 늘 그렇게 흘러왔다.

나중에 유비가 황제로 즉위한 지 3개월 만에 동오를 정벌하겠다며 나서자 제갈량은 유비를 떠나보낸 후 한탄하며 이렇게 말한다.

"법효직(법정)이 살아 있었다면 이리되지는 않았을 터인데…."

제갈량은 이 순간 자신의 친구이자 유비에게 서천이라는 날개를 달아 주었던 절대모사 방통이 아니라 법정을 떠올린다. 법정(法正)은 유비가 서촉에서 얻었던 또 한 명의 모사였다. 그는 익주를 얻을 때 내부동조자로서 큰 공을 세웠고, 나중에 유비가 한중을 얻는 데에도 감군(監軍)으로 나가 기기묘묘한 재주로 혁혁한 전과를 올린 인물이다. 하는 짓을 보면 격이 좀 낮았지만 오히려 유비가 매우 사랑했던 모사로 알려져 있다.

제갈량은 유비가 고집을 피울 때 말리는 스타일이 아니고, 방통은 강직해서 자칫 들이받을 수 있는 스타일이어서 말릴 수 없었을 것이다. 이럴 때는 법정처럼 주군을 기분 좋게 꾀고, 가려운 데를 긁어 주는 스타일이 먹힌다. '꿩 잡는 게 매'라고, 목표를 달성하는 게 중요한 것이다. 주군과 대립각을 세우며 강직하게 밀어붙이는 것은 대체로 열등한 전략이다.

진수는 《삼국지》 촉서(蜀書)에서 방통을 평하여 고아하고 준수했으며 조조의 모사 중 순욱과 같은 사람이라고 했다. 품격이 높은 선비의 풍모가 강했다는 말이다. 유비는 다른 군주들과 달리 자기 부하들을 깊이 믿는 남다른 경쟁력이 있었고 수하들에게 워낙 관대했기에, 방통이 오래 살았다 해도 순욱과 같은 최후를 맞이하지는 않았을 것이다.

제갈량이 건국과 수성까지 함께하는 재상으로 죽는 날까지 살 수 있었던 것도 이렇게 자기 사람을 아끼고 믿는 유비의 특별한 리더십 덕분이었다. 그러나 방통은 조직 내 경쟁에서 군주의 심기까지 관리할 줄 아는 제갈량에게 밀렸을 것이다.

능력이 뛰어난 신하는 자신의 자아(自我)와 자존심을 강하게 지키며 살 수 있다. 어느 순간까지는 말이다. 주군이 성장과 발전을 위해 그의 능력을 필요로 하기 때문이다. 그러나 자아를 지키려면 항상 내려올 준비를 하고 있어야 한다. 특히 주군이 욱일승천(旭日昇天)하여 강해진다면, 잽싸게 자리를 내놓고 주군의 눈에서 먼 곳으로 도망치는 게 영리하다. 그러면 목숨은 부지할 수 있을 테니 말이다.

자아와 자리를 동시에 지키는 방법은 흔치 않다. 더구나 자아란 자신에게만 있는 게 아니라 주군에게도 있다. 주군은 지식과 지혜, 재능이 신하에 못 미치더라도 그 모든 것을 능가하고 제압할 수 있는 권력을 가졌다. 권력자는 자신의 자아를 양보해 가며 자기 부하가 옳다고 우기는 일에 맞추어 주지 않는다. 물론 그것이 자신에게 엄청난 이익을 가져다주고 자신으로서도 흔쾌히 여겨질 때는 받아들이지만 말이다.

조직의 운명을 결정하는 것은 권력자의 자아이지 부하의 자아가 아니다. 권력자는 부하가 스스로 자기 자아를 실현하기 위해 조직이나 주군에게 대드는 꼴을 보지 않는다. 권력 앞에는 장사가 없다는 말이다.

어쩌면 방통의 비극적 죽음은 소설로서는 괜찮은 결말이었는지도 모른다. 그가 큰 공을 세우고 누려볼 기회도 없이 일찍 죽자, 유비는 심하게 애통해하며 그의 아버지·형·동생에다 어린 아들까지 모조리 불러다 벼슬을 주고 보살핀다.

또 방통과 별로 사이가 좋지 않던 사람이 크게 슬퍼하지 않으며 삐딱하게 말했다가 유비의 진노를 사 내쫓기기도 한다. 그야말로 방통은 신하로서 정점에서 죽은 것이다. 그 타이밍이 절묘했기에 그는 내내 능력 있고 충성스러웠던 신하로 유비의 곁에 남아 있을 수 있었다. 그가 계속 살아 유비 옆에 있었다면 훨씬 구차한 모습을 많이 보게 됐을 것이다.

자아와 원칙이 강한 신하는 주군과 축성(築城)은 함께하며 고생은 같이 나눌 수 있으나, 수성(守成)을 하며 복록을 함께 누리기는 어렵다.

3

주인을 잘못 고른
탁월한 신하들

진궁
전풍과 저수
가후

정확한 판단력, 똑똑한 머리, 뛰어난 기술, 충성심, 세태에 대한 민감한 이해력 ….

이는 모두 신하로 살고자 하는 사람들이 성공하기 위해 갖추어야 하는 중요한 자질들이다. 그러나 오히려 이런 장점들 때문에 제명을 다하지 못하고 중도낙마하거나 목숨을 잃는 신하들이 많다.

원래 어느 조직에서나 인재들을 향한 동료들의 질투와 무함(誣陷)은 일상적인 것이다. 그러니 뛰어난 인재들의 조직생활은 늘 시퍼런 작두 위를 걷는 것처럼 위태롭다. 다만 인재가 인재로 사느냐 아니면 인재여서 죽느냐는 결국 그들의 주군에게 달려 있다.

그런데 애당초 주인을 잘못 선택한다면? 신하로 성공하기 위한 첫 번째 원칙은 자신과 시너지를 낼 수 있는 주인을 제대로 고르는 것이다. 여기에서 실패하면 백 가지 재능이 무의미해진다. '잘못된 만남'으로 인생이 수렁에 처박히는 경우도 있다.

그러나 첫 선택이 잘못됐다고 아예 회생할 길이 없는 것은 아니다. 주인의 자리에선 주인을 바꿀 수 없지만, 신하는 주인을 바꿀 수 있다. 이게 신하라는 자리의 가장 큰 강점이다. 다시 날아오를 수 있느냐 없느냐는 이 강점을 어떻게 활용하느냐에 달려 있다.

진궁
陳宮

조조와의 잘못된 만남

진궁(陳宮, ?~198)

- **자**　공대(公臺)
- **소속**　후한 말, 조조 → 여포
- **출신**　연주 동군 무양현(兗州 東郡 武陽縣)
- **출사**　조조가 연주태수 당시 그 수하로 있었으나 배반하여 연주를 여포에게 바친다.
　　　　이후 여포의 모사로 종사한다.
- **사망**　조조의 서주정벌 당시 하비(下邳)에서 여포와 함께 생포되어 참수당한다.

> **"**
> 내가 조조를 버린 것은
> 그 마음이 바르지 않았기 때문이다
> **"**

진궁은 '잘못된 만남'과 연이은 '잘못된 선택'으로 어긋난 인생을 보여 주는 대표적인 사례다. 《삼국지연의》에 등장하는 진궁은 윤리적 선비의 가치를 추구하려고 애쓰는 인물이다. 그러나 그의 가치를 배반하는 조조를 만나 인생이 꼬인다. 그 인연을 회피하기 위해 어리석은 여포를 선택하고, 그 잘못된 선택에서 실패하지 않기 위해 고군분투하지만 결국 그가 도달하는 곳은 나락이다.

진궁은 머리가 모자라고 미련하면서도 잘난 척하는 스타일리스트 여포를 모시고도 계략으로 수차례 조조를 곤경에 빠뜨리는 등 탁월한 재능을 갖춘 인물이었다. 그러나 끝없이 조조와 엮이며 그 꼬인 인연의 굴레에서 빠져나오지 못한다. 《삼국지》의 수많은 등장인물 중 가장 안타까운 사람을 꼽으라면, 나는 진궁을 첫째로 꼽는다.

소설에서는 조조가 동탁을 살해하려다 실패하고 고향으로 달아

나던 중 중모현(中牟县) 현령으로 있던 진궁을 처음 만나는 것으로 묘사된다. 이때 조조는 동탁에 의해 수배 중이었고, 관문에서 잡혀 진궁 앞으로 끌려온다. 이내 조조를 알아본 진궁은 밤중에 감옥에 갇힌 조조를 찾아가 풀어 주고, 자신의 벼슬까지 버리며 함께 도망친다. 한실의 녹을 먹는 신하로서 조조의 충의에 감복해 함께 달아나 역적 동탁을 도모하겠다는 것이었다. 진궁은 애당초 이렇게 선비적 충의와 도덕성을 신봉하는 인물이었다.

그렇게 함께 도망치다 성고라는 마을에 도착하자 조조는 자신의 아버지와 의형제를 맺은 여백사(吕伯奢)의 집에 묵어가자고 청한다. 진궁은 기꺼이 따라가고, 여백사의 환대를 받으며 쉬고 있는데 어디선가 칼을 가는 소리가 들린다. 쫓기던 신분인지라 그들은 이것이 자신들을 잡으려는 계략이라고 착각하고 여백사의 가족을 모두 죽인다. 그런데 나중에 보니 그들은 조조 일행에게 대접하기 위해 돼지를 잡으려고 칼을 갈았던 것이다.

조조와 진궁은 다시 도망친다. 그런데 저쪽에서 여백사가 술을 받아서 느릿느릿 걸어오고 있다. 이때 조조는 여백사마저도 베어 버린다. 이 모습을 본 진궁은 "죄 없는 사람을 죽이는 것은 옳지 않다"며 조조를 버리고 떠난다. 이것이 그들의 첫 만남이다.

주인을 잘못 고른 탁월한 신하들

정사는 이 부분을 기록하지 않았다. 다만 진궁은 조조의 수하였으나 그를 배신하고 여포에게 연주(兗州)를 바친 인물로 기록되어 있다. 그러나 진궁은 단순한 기회주의적 배신자가 아니었다. 그는 자신의 도덕적 관점에서 결코 수용할 수 없는 주군을 스스로 버렸던 것이다.

처음 헤어진 이후, 조조가 동군(東郡)태수로 부임하고서 두 사람은 다시 만난다. 동군 출신인 진궁은 다시 조조에게 의탁했고, 연주태수 유대(劉岱)가 살해된 후에 조조를 연주태수로 옹립하기 위해 동분서주하며 연주 사람들을 설득하기도 했다.

이렇게 다시 조조를 주군으로 섬겼던 진궁은 서주 학살극 이후로 결국 그를 버린다.

서주성의 비극은 이런 내용이다. 당시 조조는 자기 아버지가 서주에서 살해당하자 서주를 향해 분노의 진군을 한다. 소설에는 서주목 도겸의 황건적 출신 부하인 장개(張闓)가 재물을 노려 일가족을 살해한 것으로 나오고, 진수의 《삼국지》위서 '무제전'에서는 이들이 도겸에게 살해당한 것으로 나온다.

어쨌든 조조는 아버지의 복수를 위해 출병해 서주의 5개 성을 깨부수면서 백성들을 도륙하고 초토화시켰다. 얼마나 심했던지 시체가 쌓여 물의 흐름이 막혔다고 할 정도의 살육이었다. 그만큼의 살육전이 감행됐으므로 위나라를 정통으로 하는 정사에서는 조조의 가족을 죽인 것이 도겸이 아닌 그 신하였다고 쓸 수 없었을 것이다. 중국의 역사는 백성을 학살한 경력이 있는 자들을 용서하지 않는 경향이 강하다. 조조는 훗날 진군 중 보리밭을 밟은 자신의 애마를 참수하고 자신의 상투까지 자르면서 '애민 코스프레'에 열을 올렸지만 역사는 서주의 학살극을 잊지 않았다. 그가 그토록 화려한 업적을 세우고도 1,800년간 역겨운 간웅이라는 평가를 벗어나지 못하는 첫 실마리는 바로 이 '서주 학살극'에서부터 찾아야 할 것이다.

소설에 따르면 이때 진궁은 조조에게 달려가서 말한다.
"저는 그 사건이 단지 황건적 출신인 장개 혼자 저지른 일인지, 도겸의 사주를 받고 저지른 일인지 모릅니다. 하나 그 죄는 어쨌건 개인이 저지른 것이지 백성들은 무관합니다. 백성들은 장군의 원수가 아니오니 부디 백성을 상하지는 마십시오. 그것은 의인이 해야 할 일이 아닙니다."
이 무렵의 조조는 무도했다. 진군하는 길에 무덤을 파헤쳐 부장물을 모두 탈취하고 서주의 것은 풀 한 포기까지 베어 버렸다고 할

주인을 잘못 고른 탁월한 신하들

정도였다. 그러니 조조가 진궁의 말을 들을 리 없다. 설득에 실패한 진궁은 조조의 군영을 나와 그대로 진류태수 장막(張邈)에게로 간다. 그리고 그곳에 와서 의탁하던 여포에게 연주(兗州)를 바친다. 자신과 이상이 맞지 않는 주군을 버리고 새 주군을 앉힌 것이다. 이런 연유로, 진궁은 자기 주군을 배신하고 반역을 한 인물임에도 역사에서 호의적 평가를 받는다.

어쨌든 주군이 마음에 들지 않을 때, 신하가 할 수 있는 일이라면 떠나거나, 참거나, 주인을 죽이고 기업을 자기가 빼앗거나 그 자리에 다른 주인을 앉히는 것 정도가 일반적으로 떠올릴 수 있는 방법이다. 그러나 진궁은 옛 주군의 세력이 성성한데도 그 자리를 다른 사람에게 줘 버리는 방법을 택한다. 이는 담력이 큰 사람들만 실행할 수 있는 창의적인 전략이다.

실제로 내부의 신하는 외부의 적과 내통하여 언제든 주군을 궁지에 몰아넣을 수 있다. 그래서 "신하는 군주에게 충성을 다하고, 군주는 신하에게 예의를 다하여야 한다"고 공자도 말하였다. 주군은 신하의 목을 쥐고 있지만, 신하 역시 주군의 명운을 쥐고 있는 것이다.

진궁의 배반에 연주에 속한 다른 10여 개 고을이 호응하여 여포는 대번에 연주 일대를 차지한다. 다만 조조의 모사 순욱과 정욱이 지키던 견성·범현·동아 세 고을만 조조 진영에 남았을 뿐이다. 서주 출병으로 인해 조조는 연주를 잃어버리고, 이를 되찾을 때까지 2년이 걸린다.

이렇듯, 이들의 첫 만남이 조조의 용기에 감명을 받은 진궁이 스스로 그를 따라나서면서 시작돼 여백사 사건으로 조조의 무도함이 드러난 데에서 끝났다면, 다시 이어진 그들의 인연은 조조가 반(反)동탁 연맹 전투에 나섰다 패해 떠돌다 겨우 동군태수로 자리 잡은 후 시작돼 조조의 서주 학살극으로 끝난다.

하지만 진궁이 새로 맞은 주군은 썩 좋은 선택지는 아니었다. 이름만으로 보면 여포는 당대 최고의 명성을 누렸다. 후한 말, 천하에 적수가 없다는 최강의 무장이었으니 말이다. 그는 명마인 적토를 타고 다녔는데, 당시 사람들이 이를 두고 "사람 중엔 여포가 있고, 말 중에는 적토가 있다"(人中呂布 馬中赤兎)라고 이야기했을 정도로 여포의 무용은 탁월하고 유명했다.

그런데 원래 유명한 인물들 중에는 알고 보면 '허당'이 많다. 여포는 무장으로서의 탁월한 능력 하나를 빼면 아무것도 없는 사람

주인을 잘못 고른 탁월한 신하들

이었다. 인간적으로는 잘생기고 화려하고 귀여운 구석도 있었지만, 리더로서는 젬병이었다. 제 기분대로 구는 자기중심적이고 유아적인 면모가 강했고, 신의가 없고, 배신을 밥 먹듯 하고, 지혜는 모자라고, 귀는 얇았다.

그야말로 진궁 하나 잘 만났으니 연주를 챙기는 행운이나마 안게 된 것이었다. 그러나 그는 진궁의 가치를 잘 몰랐다. 그리고 믿을 구석이라고는 없는 자기 자신을 너무 믿었다.

연주를 빼앗은 초기에 진궁은 태산(泰山)에 매복하여 조조의 군대를 끊고 연주성으로 들어가야 한다고 여포에게 간한다. 그러나 워낙 출중한 여포는 이 말을 무시하고 복양(濮陽)으로 들어간다. 서주에서 급히 돌아온 조조는 이 모습을 보고 이렇게 말한다.

"여포는 하루아침에 연주를 얻었다. 그러나 동평을 근거로 항부와 태산의 길을 끊으며 요충지를 이용하여 우리를 공격하지 않고 복양에 들어앉아 있으니, 나는 그가 할 수 있는 것이 없음을 알겠노라."

한마디로 조조는 '이런 미련한 여포같으니라고!' 하며 무시해 버린 것이다. 그러나 여포의 곁엔 진궁이 있었다. 여포는 진궁의 계책에 따르며 몇 번을 승리하고, 조조는 불 속에서 죽을 고비까지 넘긴다. 더구나 여포 밑에는 장요(張遼)와 장패(臧覇)와 같은 탁월한 무장들도 있었다.

그러다 극심한 가뭄에 장수들이 식량을 구하러 밖으로 나갔을 때, 조조가 복양으로 쳐들어간다. 진궁은 장수들이 돌아온 뒤에 대적해야 하니 일단 굳게 지키자며 말린다. 그러나 잘난 여포는 이말을 듣지 않고 고집을 부리며 대적하러 나갔다가 패하고 만다. 이후의 몇 차례 전투에서도 여포는 진궁의 간언을 듣지 않고 제멋대로 하다 결국 패배하고, 연주 일대는 다시 조조의 손으로 넘어간다.

여포가 달아나자 진궁은 여포의 가족을 모두 챙겨 그를 쫓아가고, 결국 서주의 유비에게로 이끌고 가서 의탁하게 한다. 그리고 유비가 조조의 계략으로 원술을 치러 간 사이 여포는 서주를 접수한다. 반객위주지계(反客爲主之計). 주객의 자리를 바꿔 버린 것이다.

진궁은 조조의 세력에 대항하기 위해 여포와 원술이 힘을 합쳐야 한다고 판단한다. 원술도 여포에게 사람을 보내 자신의 아들과 여포의 외동딸을 혼인시켜 진진지의(秦晉之誼, 혼인으로 맺어진 가까운 사이)를 맺자고 청한다. 진궁은 다른 방해꾼이 나타나기 전에 빨리 딸을 원술에게 보내라고 간하고, 여포는 이 말을 받아들이려

한다.

이때 원래 서주 사람으로 여포의 부하로 있으면서 뒤로는 유비를 섬기고 조조의 염탐꾼 노릇까지 하는 진규(陳珪)와 진등(陳登) 부자가 여포에게 농간을 부리자 '팔랑귀'인 여포는 딸을 도로 데려온다. 조조와 유비가 가장 두려워하는 시나리오는 원술과 여포가 힘을 합치는 것이었다. 이들이 힘을 합쳤다면 중원의 판도는 어떻게 달라질지 알 수 없는 일이었다.

여포는 이렇게 자기 기회를 발로 차버리고, 진궁의 말보다 박쥐 같은 진규의 말을 믿다가 결국 조조와 유비의 공략을 받는다. 진궁은 진규와 진등 부자의 속셈을 꿰뚫고 여포에게 간하지만 여포는 오히려 진궁이 질투하고 있다며 야단을 친다. 그리고 결국은 진등에게 속아 서주와 소패 등을 다 빼앗기고 하비(下邳)로 도망쳐 들어간다.

조조가 하비성을 공격할 때 진궁이 여포에게 말한다.

"조조의 군사는 먼 길을 오느라 지쳐 있어 오래 지탱하기 어려울 것입니다. 장군께서는 보병과 기병을 거느리고 성 밖에 군영을 세우십시오. 저는 나머지 군사와 성을 지키겠습니다. 만약 조조가 장군을 공격하면 제가 반드시 군사를 이끌고 나가서 그 배후를 칠 것이고, 반대로 조조의 군사가 성을 공격해 오면 장군께서 그 뒤를 치십시오. 열흘도 못 가서 조조의 군중에 양식이 떨어질 것이니, 그 때를 기다려 휘몰아친다면 단번에 깨뜨릴 수 있습니다. 이같이 앞 뒤에서 몰아치는 기각지세(掎角之勢)로 승리할 수 있을 것입니다."

그러나 여포는 이 말을 듣지 않고 성을 지키기로 한다. 하비는 양식이 풍부했고, 지키기에 좋은 성이었다. 게으른 여포는 성에 들어앉아서 고립무원을 자초한다. 이후에도 진궁은 몇 차례에 걸쳐 계책을 올린다. 그러나 진궁의 계책은 채택되지 않는다. 끝내 수하 장수들인 후성·송헌·위속 등이 배반하여 여포는 생포되고 하비 성은 함락된다.

주군이 잡힌 마당이니 진궁도 무사할 수 없다. 진궁은 다시 조조 앞에 선다. 다음은 조조와 진궁의 대화이다.

"진공대! 그대가 나를 버리고 가더니 예서 이런 꼴로 만나는구려. 기분이 어떤가?"

진궁은 태연하게 대답한다.

"내가 너를 버린 것은 네 마음이 바르지 않았기 때문이며, 예서 이리 만난 것은 내 운이 다했기 때문이다."

"내가 바르지 못했다면서 저 여포 같은 자를 섬겼단 말이냐?"

주인을 잘못 고른 탁월한 신하들

"여포는 비록 지혜는 없고 단순하나 너처럼 간사하고 음험하지 않다."

"너의 지혜와 재주로도 이 지경에 이르렀으니 주군을 잘못 택한 것이 아니냐?"

"나는 꾀를 낼 뿐, 채택하여 실행하는 것은 주군이다. 만약 내 말 대로만 했더라면 이리 되지는 않았을 것이라 생각하지만 이미 때 가 늦었으니 어찌하겠는가."

조조는 진궁에게 살려 주겠노라 회유한다. 그러나 진궁은 이를 거절하고 스스로 참형을 자청하여 목숨을 잃는다. 조조는 진궁의 죽음에 눈물을 흘리고, 그의 노모와 자식들을 거두어 보살펴 준다.

조조와의 악연만 아니었다면, 진궁은 이렇게 허무하게 죽을 만 한 인재가 아니었다. 참 안타까운 일이다.

진궁은 '의로운 영웅'을 주군으로 모시는 데에 미련이 많았던 사 람으로 보인다. 그가 처음 따랐을 때의 조조는 동탁을 거부하고 낙 향하던 의인이었고, 두 번째로 따랐을 때의 조조 역시 반(反)동탁 연맹에서 전투에 실제로 참가했던 두 사람 중 한 명이었다.

당시 반동탁 연맹에 참가했던 18로의 제후들은 매일 밤 술 마시 고 놀며 사교에 치중하거나 저희들끼리 싸워서 원수가 되는 등 그야말로 눈뜨고 봐줄 형편이 못 되었다. 이들 중 동탁을 쳐부순다는 애초의 목적의식을 기억하고 실행한 이는 손견과 조조뿐이었으니 진궁은 조조를 '미워도 다시 한 번' 의인으로 믿어 보고 싶었을 것이다.

그러나 조조는 야누스(Janus)적인 사람이었다. "내가 세상을 버릴 수는 있어도 세상이 나를 버리도록 하지는 않겠다"는 그의 유명한 말처럼, 그는 자신을 세상의 중심에 두고 세상이 자신에게 헌신하는 것이 지당하다고 믿는 '궁극의 이기주의자'였다.

옳고 그름을 따지는 선비들은 이런 복잡하고 똘똘한 악당을 잘못 평가하는 경우가 많다. 사람이 사람을 상대로 실패하는 일은 대부분 자기 마음을 근거로 상대의 마음을 짐작한 데에서 비롯된다. 진궁의 가장 큰 실책은 헤아릴 수 없이 크고 복잡한 조조의 심성을 단순명료한 자신의 마음으로 잘못 판단한 것이다.

여기에서 우리가 주목해야 할 진궁의 말 중 하나는 마지막 순간 조조에게 "내가 너를 버린 것은 네 마음이 바르지 않았기 때문이다"라고 이야기한 대목이다. 그는 주군을 능력과 힘으로 판단한 게 아니라 선과 악이라는 도덕적 기준으로 판단했다. 그것까지는 좋다. 도덕적 기준은 그나마 인간이 동물과 구별되는 유일한 미덕이다. 그런데 문제는 타인의 도덕적 문제에 자신이 너무 심하게 몰입해 버렸다는 사실이다. 여기서부터 그의 인생은 꼬이기 시작한 것이다.

이렇게 주군 또는 상사에 대한 도덕적이고 감정적인 환멸과 혐오감 때문에 스스로를 파괴하는 길로 나아가는 사람은 의외로 많다. 이런 사람들은 스스로 자리를 내던지고 혐오스러운 상사와 작별을 고하면서 말한다.

"그는 옳지 않기에 나는 그런 자와 함께 일할 수 없다."

도덕의 문제는 중요하고, 자신의 가치관을 지키는 것은 인생에서 아주 중대한 사항이다. 관건은 그런 자들과는 다시 상종하지도 꼬이지도 않도록 깨끗하게 인연을 끊고 서로 엮이지 않도록 해야 한다는 점이다. 같은 하늘을 이고 살 수 없는 인간들끼리는 평생 만나지 않는 것이 최고의 전략이다. 선악과 정의를 판단의 기준으로 삼는 강한 심성을 가진 사람은 개성이 강한 상대주의자들과 절대 만나선 안 된다. 둘 다 불행해진다.

진궁이 목격한 조조의 도덕적 결함은 실제로 웬만한 비위를 가진 사람이라면 참기 어려웠던 게 사실이다. 그러나 진궁은 스스로 끝없이 조조와 엮일 수밖에 없는 상황을 만들어 나갔다. 그게 그의 가장 큰 실책이었다.

그런데 주군의 도덕성 문제는 또 다른 측면에서도 고민할 만한 거리를 던진다. 실제로 인간적으로 역겨운 도덕적 가치관을 가진 리더는 지천으로 널려 있다. 그래서 우리는 늘 주군의 도덕성 문제를 어떻게 판단해야 하느냐는 과제 앞에 놓이곤 한다.

하지만 이렇게 생각해 보자. 옳고 그름은 하늘이 판단하는 문제이지 신하가 판단할 문제가 아니다. 나의 도덕적 가치를 상대에게 강요하는 것처럼 조직생활을 위태롭게 하는 행동은 없다. 그 도덕적 문제가 비리나 사리사욕으로 조직을 위태롭게 하는 사항이라면 물론 대항하거나 떠나야 한다. 그건 조직을 위태롭게 하고 궁극적으로 나의 실리를 해치기 때문이다. 그런데 그게 아니라 개인적인 호오(好惡)와 신념의 문제라면 상관해선 안 된다. 세상 사람이 모두 다른데, 어느 누가 자신의 도덕적 기준에 부합할 수 있겠는가?

이렇게 조직에서 도덕 운운하는 사람 중엔 시각이 편협하여 설부르고 어설픈 정의감에 불타는 인물도 많다. 그런 정의감만큼 다른 사람을 피곤하게 하고 자신을 괴롭히는 일은 없다.

주군과 신하의 관계에선 서로 맞는지 맞지 않은지, 조직에(궁극적으로는 나를 포함한 조직원들에) 이익이 되는지 되지 않는지, 그가 조직을 번영시킬 힘과 능력이 있는지만 가리면 된다. 조직에서 주군의 능력이 있는지 없는지는 나의 실리와 직결되므로 중요한 것

주인을 잘못 고른 탁월한 신하들

이다. 그러나 그의 마음이 옳든 그르든 나와는 상관이 없는 일이다. 그가 악한 인간이라면 하느님이 알아서 벌을 주실 것이다.

리더가 능력 있다면 그와 자신의 성향이 맞지 않더라도 대략 잘 맞추어 가면서, 스스로 상황을 통제하여 자신에게 이익이 되도록 만들어 가는 것도 좋은 방법이다. 내가 주군을 미워할 뿐, 주군이 나를 미워하지 않는다면 내게 승산이 있다. 그러므로 감정을 잘 숨기고 실리를 챙기는 게 중요하다.

그러나 주군이 나를 미워해 역(逆)시너지를 내면 그때는 눈에 안 띄는 게 좋다. 이때 되도록 깔끔하게 헤어지는 것이 중요하다. 내가 미움 받았다는 사실을 안다고 들켜서도 안 되고, 내가 주군을 미워한다는 사실을 눈치채게 해서도 안 된다.

능력 있는 주군이나 상사에겐 그들이 힘이 빠져 죽는 순간까지 발톱을 보여선 안 된다. 헤어지되 충분한 감사의 인사를 하고 나오는 것도 잊지 말아야 한다. 그리고 그는 잊어야 한다.

조직 인간관계에선 너무 몰입해서는 안 된다. 감정을 느끼지 않을 정도로 너무 가깝지도 않고 너무 멀지도 않은 거리를 유지하는 것이 최상이다.

상대에게 감정을 갖게 되면, 그런 감정이 전이된다. 나의 감정이 복잡하게 얽히다 증오와 환멸의 단계에 이르면 분노하게 되고, 복수를 꿈꾸게 된다. 그런데 이럴 경우 그 칼날은 바로 자신의 목을 노리는 경우가 많다.

조직에서 살아남고 승리하기 위해선 남을 미워하는 데 쏟을 만한 에너지와 시간이 없기 때문이다. 이렇게 남을 증오하는 데 에너지를 분산하는 사이, 자신의 목표를 향해 에너지를 집중한 적은 저만큼 앞서 나간다.

'세상에 조조처럼 옳지 않은 놈, 악인은 저렇게 잘나가는데, 선량하게 살고자 그토록 노력했던 내가 패배하다니. 이렇게 불공평할 때가….'

진궁은 이렇게 한탄했을지도 모른다. 그러나 조직에서의 성패는 착하게 살았느냐 아니냐가 아니라 목표에 얼마나 집중하고 성과를 냈느냐에 따라 갈린다.

또 분노가 눈앞을 가리면 잇따라 잘못된 선택을 하게 된다. 진궁이 조조에 대한 혐오감으로 여포를 선택한 것처럼…. 진궁이 연주가 비어 있는 사이 조조를 몰아내려는 조급한 마음만 먹지 않았다면, 똑똑한 그의 눈에 여포의 못미더운 구석들이 들어왔을 것이다.

주인을 잘못 고른 탁월한 신하들

그러했다면 여포를 새 주군으로 선택해 자신을 파멸로 이끄는 실패까지는 하지 않았을지도 모른다.

주군은 바꿀 수 있다. 그러나 전(前) 주군에 대한 환멸과 복수심을 가슴에 품은 채 다른 주군을 찾으면 실패할 확률이 높다. 다시 실패하지 않기 위해 눈을 감아 버리고 자신을 속이며, 지나치게 나간 행동을 할 가능성이 크기 때문이다.

결국 신하는 주군과 함께 힘을 합쳐 같은 조직 목표를 추구할 뿐이다. 주군이 조직 목표에 충실하지 않을 때, 사리사욕에 눈이 멀어서 조직의 이익을 침해하고 있을 때는 죽기 살기로 바로잡거나 아니면 그의 곁을 떠나야 한다.

현명한 사람은 조직의 목표를 바꾸기 위해 맞서 저항하고 자신의 힘을 바쳐 싸우는 사람이 아니다. 아니다 싶으면 떠나는 사람이다. 조직의 목표를 잃으면 다 잃는 것이기 때문이다. 주군에게 선(善)하게 살라고 강권하고, 이를 따르지 않는다고 원망하는 데 나의 아까운 시간을 낭비해선 안 된다.

나만 이렇게 이야기하는 것이 아니다. 마키아벨리도 " '어떻게 살아야 하느냐?'는 문제 때문에 지금 사람들이 살아가는 실태를 허술히 보아 넘긴다면 스스로를 보존하기는커녕 눈 깜짝할 새에 파멸을 초래하게 된다"며 "무슨 일에서나 선을 내세우고자 하는 사람은 좋지 않은 사람들 사이에서 파멸을 면치 못한다"(《군주론》 제15장)고 말했다.

주군을 지옥 불에서 구하고 천당으로 이끌기 위해 노력하지 말라. 그건 신하의 의무가 아니다. 또 주군과 천당에서 같이 만나야 할 이유도 없지 않은가?

원소의 모사, 전풍과 저수
田豊, 沮授

정확하게 판단한 죄로 버림받은 비운의 신하들

전풍(田豊, ?~200)

- **자**　　원호(元皓)
- **소속**　후한 말, 한복 → 원소
- **출신**　기주 거록군(冀州 鉅鹿郡) 사람. 일설엔 발해군(渤海郡) 사람이라고도 한다.
　　　　　천부적으로 권모와 지략이 풍부했다고 전해진다.
- **출사**　기주목 한복을 섬기다 191년 원소의 초빙을 받고
　　　　　원소 진영의 별가(別駕)로 출사한다.
- **사망**　200년, 관도대전에 나서려는 원소를 말리다 옥에 갇혀 있던 중
　　　　　관도대전에서의 패전 후 부끄러워진 원소가 보낸 보검으로 자결한다.

저수(沮授, ?~200년)

- **자**　　알려지지 않음
- **소속**　후한 말, 한복 → 원소
- **출신**　기주 광평군(冀州 廣平郡) 사람.
　　　　　어린 시절부터 큰 뜻을 품고 책략가로 활동한 것으로 알려져 있다.
- **출사**　한복 밑에서 기주별가로 출발하였으며
　　　　　기주가 원소에게 병합될 때 원소 진영으로 옮긴다.
　　　　　감군(監軍)·분위장군(奮威將軍)을 거쳐 도독(都督)으로 승진한다.
- **사망**　관도대전 당시 진중에서 속전속결을 말리다가 투옥된다.
　　　　　원소가 패전하여 달아난 후 관도 군영의 감옥에서 조조에게 붙잡혀
　　　　　투항을 권유받았으나 거절하고, 틈을 노려 달아나다가 붙잡혀 처형당한다.

>>
만일 원소가 전풍의 계략을 받아들였다면
관도대전의 승패는 알 수 없었을 것이다_조조
>>

전풍과 저수는 모두 기주 출신 관료로 원소가 전 기주목 한복의 세력을 흡수한 뒤 원소 진영에 들어온 책사들이다. 그들은 관도대전 당시 전세를 정확히 파악하여 원소를 말리다가 모두 옥에 갇히고 끝내 죽음에 이른다.

　진수의 《삼국지》 '원소전'에선 "옛날 초나라 항우가 범증(范增)의 계략을 어겨 왕업을 잃었는데, 원소가 전풍을 죽인 것은 항우의 실책보다 더한 것이다"고 평했다.

　또 "전풍과 저수의 지모는 유방의 전략가 장량과 진평(陳平)에 필적한다"는 역사가 손성(孫盛)의 평가나, 관도대전 승리 후 조조가 "만일 원소가 전풍의 계략을 받아들였다면 승패는 알 수 없었을 것"(《삼국지》 '원소전')이라고 평한 데서 보듯 이들은 판단력과 계략을 겸비한 재능이 뛰어난 인물이었음에 틀림없다.

　그러나 아무리 드높은 명성과 명철한 두뇌, 판단력을 가진들 무엇하겠는가. 둘 다 주군을 잘못 고르고 '신하의 처세'에서 실패함으로써 오히려 자신들의 명석함으로 스스로 목을 친 셈이었으니 신하론의 관점에선 단지 반면교사(反面敎師, 부정적 측면에서 가르침을 얻는다)가 될 뿐이다.

그들의 가장 큰 잘못은 '주군을 잘못 골랐다는 것'이다. 신하로 사는 자들의 제일원칙을 어겼으니 어찌 천수를 누리기 바라겠는가. 《삼국지》의 주석자 배송지도 "주군을 잘못 골라서 충절을 다했지만 죽을 수밖에 없었던 건 개탄스러운 일"이라고 했을 정도다.

그렇다면 그들은 이 첫 잘못을 만회할 길이 정녕 없었을까? 잘못된 선택을 만회하는 방법은 이후의 처신과 처세술에 달렸다. 이에 대해서 대답을 한번 찾아나가 보도록 하자.

먼저 역사가들에 의해 장량과 진평에 비견됐던 인물들을 '개죽음'으로 몰아넣은 그들의 주군 원소부터 살펴보자.

원소는 4대에 걸쳐 삼공(우리나라로 치면 3정승) 반열에 오른 인물을 다섯 명이나 배출하여 '사대삼공' 혹은 '사세오공'이라 불린 중원 최대 명문가의 자손이다. 한마디로 금수저를 입에 물고 태어

주인을 잘못 고른 탁월한 신하들

난 귀공자였다. 그의 어머니가 노비였다는 말이 전해지지만 어쨌든 그는 사회에 첫발을 내딛는 동시에 가문의 후광을 업고 당대 선비들의 중심이 되었다.

또 그는 궁중의 환관들이 십상시(十常侍)의 난을 일으키고 대장군 하진을 죽이자 궁으로 쳐들어가 환관 2천여 명을 무차별로 도륙했다. 환관들의 난이 이렇게 평정된 후 동탁이 권력을 잡고 황제를 폐위하는 등 전횡을 일삼자 반(反)동탁 연맹의 맹주가 되기도 한다.

그리고 가문의 후광과 본인의 능력을 발휘해 하북(河北)의 또 다른 실력자 공손찬(公孫瓚)의 세력을 흡수하고 기주·청주·유주·병주 등 4주(州)를 평정하여 군웅할거 시대에 최대의 세력으로 우뚝 선다. 이는 그의 조상들도 이루지 못한 업적이었기에, 원소는 사세삼공 원씨 집안의 세력을 가장 크게 펼친 후손이 되었다.

더욱이, 제후 중에서도 워낙 세력이 압도적이었던 터라 그의 부중(府中)엔 인재와 맹장도 많았다. 관도대전 때까지, 지배한 영토와 군사 수도 압도적이었지만 인재의 양과 질 측면에서도 조조보다 앞섰다고 한다.

관도대전 막바지에 원소의 장수 장합이 투항해 오자 조조는 "그대가 투항한 것은 유방이 한신을 얻은 것과 같다"고 했다. 조조는 기주를 점령한 후 자신의 3대를 욕하는 격문을 썼던 진림도 용서해 자기 진영으로 거두고, 마지막까지 기주의 저항을 이끌었던 모사 심배조차도 회유하여 끌어들이려 했다. 그토록 탐낼 만큼 원소의 신하들은 탁월했다.

그렇다면 원소 진영의 무엇이 잘못되었기에 충신 재사(才士)가 옥에 갇히고, 죽임을 당하고, 그의 기업은 하루아침에 풍비박산 난 것일까?

후세에 전해지는 원소에 대한 인물평은 대개 이렇다.
'외모가 출중하고, 태도는 품위 있고 우아했으며, 호인다웠다. 그러나 우유부단하고, 질투심과 의심이 많았다.' 또한 그는 '호사 취미가 있었고, 자부심이 드높아 아부하는 말에 귀를 기울였으며, 비판을 참지 못했다'고 전해진다.

그는 집안도 제대로 다스리지 못했다. 원소가 맏아들 원담을 제쳐 둔 채 막내인 원상에게 후계를 물려주고 죽는 바람에 골육 간의 전쟁이 일어나 조조에게 어부지리를 안겨 주는 결과를 낳았다.

주인을 잘못 고른 탁월한 신하들

그리고 그의 부중에는 중원의 능력 있는 재사들이 다 모이다 보니 신하들마다 개성도 질투심도 강했다. 그 탓에 이전투구(泥田鬪狗)와 참소(讒訴)가 끊이지 않았다. 그렇다 보니 조직의 이익을 위해 단결된 하나의 목소리를 내지 못하고 각개약진에 열을 올렸다.

　능력이 다 같이 뛰어나니 능력으로 앞서기는 고단하다. 이럴 땐 상대를 끌어내리는 것이 가장 손쉬운 방법이다. 어차피 신하들끼리는 언제나 경쟁 상태이므로 틈만 나면 상대를 음해하고 끌어내리기 위해 부단히 노력하게 되어 있다. 인물들이 뛰어나다 보니 모함하고 참소하고 이전투구하는 양상조차 날카롭고 뛰어났다.

　그러나 이런 내부의 치열한 갈등과 경쟁은 원소 조직만의 문제는 아니다. 원래 학벌 좋고 능력 있는 인재들이 집결해 있는 조직은 어디나 똑같은 문제에 직면한다. 당시 동오의 손권네 집안도 원소네와 별반 다를 것 없이 복잡했다.

　손권 집안의 주요한 장수 감녕(甘寧)은 동오로 투항하기 직전, 동오의 맹장인 능통(凌統)의 아비를 죽였다. 그 탓에 두 사람은 원수지간이었고, 능통은 감녕과 마주치기만 하면 칼을 뽑아들고 돌진할 정도로 어수선했다. 그런가 하면 동오의 명사로 모든 문신들의 가장 윗자리를 차지했던 장소는 '수구꼴통'으로 조조가 83만 대군을 이끌고 강동 맞은편 강가에 군영을 차리자 대뜸 항복하자고 손권을 압박하는가 하면, 허도로 손권의 아들을 인질로 보내야 한다는 둥 하며 뒷다리 긁는 소리를 해댔다. 게다가 능력은 뛰어나나 자부심 강하고 오만한 다혈질의 주유까지…. 그들의 개성으로 치자면 결코 원소네보다 뒤지지 않았고, 손권은 정말 산 넘어 산인 신하들로 둘러싸여 있었다.

하지만 손권은 줄창 항복을 주장하는 고집스런 신하들을 눌러 놓고 노숙과 주유를 움직여 적벽대전을 치르고, 수구파 신하들을 다 끌고 가며 조조를 강동에 한 걸음도 들여놓지 못하도록 했다.

원래 능력 있는 신하들을 대거 이끄는 지도자는 적의 동태나 적을 이길 계책까지 일일이 자기 스스로 챙겨야 할 필요는 없다. 적의 동태를 살피고, 분석하고, 그에 대항할 계책을 세우는 것은 신하가 할 몫이다. 지도자는 다만 누가 분석에 능한지, 누가 계책에 능한지 자기 조직의 사람들에 대해 정확하게 알아야 한다.

사람마다 모두 성격이 다르고, 서로 맞는 사람과 맞지 않는 사람이 있고, 게다가 이유 없이 서로 미워하는 이들도 있다. 그런 사람들이 섞여 있는 게 조직이다.

그러므로 원소 조직의 신하들이 개성이 너무 강했던 것은 결코 그의 패인이 되지 않는다. 다만 그들의 능력과 성격, 인간관계를 제대로 파악하고 적재적소에 활용할 줄만 알면 되는 것이다. 그런데 원소는 거꾸로 자신의 신하들을 잘 몰랐고, 그렇다고 전쟁에도 큰 계책은 없었으니 어떻게 이런 사람이 영화를 누릴 수 있겠는가.

조조는 기주를 점령하고 난 뒤 원소 신하들의 면면을 보면서 이렇게 말한다.

"하북에는 어찌 이리도 의사(義士)와 인재가 많단 말이냐. 원소가 이들을 적재적소에 제대로 썼다면 내가 어찌 원소를 이길 수 있었겠는가?"

결국은 인덕이 모자라고 인재들을 적재적소에서 쓰지 못한 리더십의 부족이 그를 패망으로 이끈 것이다. 의심이 많고, 아부에 약하고, 자기체면 세우기에 바쁘고, 설 똑똑해서 자기보다 뛰어난 꼴을 보지 못해 부하까지 질투하는 리더는 늘 파멸에 이르는 길로만 찾아다닌다.

이런 주군을 잘못 고른 죄로 원소의 신하들은 모두 죽거나 조조에게 정복당한 신민으로 투항했다. 원소가 큰 전력을 가지고도 전력이 약한 조조에게 패배했기 때문이다. 그러니 지모가 장량처럼 뛰어난들 무슨 소용이 있었겠는가.

신하의 성패는 이렇게 주군의 능력과 운에 편입돼 있다. 그러므로 신하된 자가 성공하기 위해서는 자신의 능력과 신념을 실현하는 것보다 '주군을 성공시키는 것'을 우선시해야 한다. 그런 점에서 전풍과 저수는 주군을 잘못 선택했다는 원죄와 함께 주군과 소통하지 못함으로써 '주군을 성공시키지 못했다'는 점에서 전형적으로 실패한 신하였다.

먼저 전풍은 전 기주목 한복에게서도 중용되지 못했다. 일각에선 정직했기 때문으로 분석하기도 하지만 그의 태도에도 문제가 있었던 것으로 보인다.

조조 진영에서 원소와의 전쟁을 논의할 때 공융은 "전풍 같은 지혜로운 참모가 있어서 이기기 어렵다"고 조조에게 말한다. 그러자 조조의 큰 모사 순욱은 이렇게 말한다.

"전풍은 지혜로우나 고집이 세고 성격이 강해서 주군의 뜻을 거스르게 될 것이다."

결국 순욱은 전풍이 아무리 정확하게 판단하고 지혜로운 계책을 내놓는다 하더라도 원소가 이를 받아들이지 않을 것을 예견한 것이다. 신하는 간하고 제안할 뿐, 선택과 결정은 주군이 하는 것이다. 그러니 선택되지 않는 지혜가 무슨 소용이 있겠는가.

주인을 잘못 고른 탁월한 신하들

실제로 원소는 공손찬을 이길 때까지 전풍의 책략을 활용했다. 전풍의 계책으로 자신의 가장 큰 치적을 만들었으니 그도 전풍의 능력을 알고 있었다. 그러나 그 뒤 교만해진 원소는 전풍의 제대로 된 계책들을 하나도 받아들이지 않는다.

전풍과 저수는 둘 다 허도에 있는 황제를 모시고 오자고 제안한다. 당시 동탁과 조조가 권세를 얻은 것은 '천자를 끼고 제후를 호령한다'는 전략에 따른 것이었다. 아무리 황제가 허수아비같이 되었다 하더라도 황제는 황제였고, 황제를 끼고 있는 자는 정통성을 주장하며 제후들을 호령할 수 있었다. 조조의 성공도 다 떨어진 황제를 허도로 데리고 오면서부터 시작된 것이다. 그러나 원소는 두 사람의 말을 듣지 않는다. 여기까지는 워낙 사안이 크다 보니 그럴 수도 있다 치자.

그러다 조조가 유비를 잡으러 20만 대군을 일으켜 서주로 진격하자 유비가 원소에게 구원을 청한다. 이들 사이엔 이미 함께 조조를 도모하자는 약속이 돼 있던 터였다. 전풍은 기회가 왔다며 환호한다. 그리고 유비의 사자로 온 손건(孫乾)을 원소에게 데리고 가서 당장 허도로 진격해야 한다고 열심히 간한다.

전풍은 "허도가 텅 빈 틈을 이용해 공격하여 빼앗아야 한다"고 설득한다. 이는 황제를 빼앗아 '황제를 끼고 천하의 제후들을 호령하는 위치에 올라서는 일'이었기 때문에 매우 중요했다.

그러나 때마침 옻이 올라 아픈 막내아들에 정신이 팔려 있던 원소는 이를 거절한다. 그는 좋은 아빠 코스프레를 하며 하늘이 준 기회를 놓친 것이다.

이에 전풍이 한 행동은?

주군의 행동에 분노한다. 그는 지팡이로 땅을 치고 던져 버리면서 화를 내며 외친다.

"하늘이 내려준 기회를 마다하면 벌을 받는다 하였는데 주공께서는 어찌 이렇게 어처구니없는 결단을 하시는가!"

가뜩이나 틈만 나면 서로 음해하고 잡아먹지 못해 안달하는 원소의 조직에서 전풍의 이런 행동이 어떻게 주군의 귀에 들어가지 않겠는가. 빛보다 빠른 속도로 전달되고, 아들이 아파 심란한 아버지 원소는 이런 몰인정한 신하에게 역시 분노한다.

원소의 지원을 받지 못한 유비는 조조와의 전쟁에서 패하고 혼자서 원소에게로 도망친다. 후한 말, 모든 전쟁에는 유비가 있었다 할 정도로 여기저기 돌아다니며 전쟁 충동질로 이골이 난 그가 이번엔 원소에게 조조와 싸우도록 부추긴다.

주인을 잘못 고른 탁월한 신하들

이때 전풍은 말린다. 과거 허도가 비었을 때는 공격할 타이밍이 었지만 지금은 아니라는 것이다. 시간을 가지고 기다리면서 기회를 노려야 한다는 것이 그의 판단이다. 그의 판단은 옳았다. 그의 말을 들었다면 지금 우리가 알고 있는 《삼국지》의 주인공은 조조가 아닌 원소였을지도 모른다.

그러나 원소는 듣지 않는다. 그뿐 아니라 전풍을 참하려다 주위의 만류로 참형은 거두고 감옥에 가두어 버린다. 전쟁을 말리는 과정에서 전풍이 바락바락 대들었고, 전번에 기회를 놓친 것으로 원소도 가뜩이나 속이 상한데 거기다 그 기억을 되살려 내면서 비난조로 말하니 원소의 격노가 워낙 컸던 탓이었다. 나중에 이로 인해 전풍이 종군하지 못한다는 소식을 들은 조조는 손바닥을 치며 기뻐했다.

한편 저수는 감군과 도독을 맡고 있던, 한때 원소 조직의 2인자였던 모사이다. 그의 세력이 워낙 크다 보니 다른 재기발랄한 모사들이 그를 가만 놔둘 리 없다. 각종 음해가 들어가자 원소는 의심하게 되고 저수의 직책을 줄여 나간다.

저수는 전풍만큼이나 사태를 판단하는 능력이 뛰어났다. 관도대전에 임하면서도 전풍과 의견이 같았다. 그러다 전풍이 하옥되는 것을 보고는 자신의 재산을 가족들에게 나눠 주며 하직인사를 한다. 이미 원소의 패배를 예감한 것이다.

저수는 중원의 질서를 재편한 관도대전의 첫 탐색전인 백마(白馬)전투부터 종군하며 원소에게 간한다. 그런데 간하는 내용이 장수 안량을 선봉으로 보내려 하니 "안량은 맹장이나 편협하고 강하여 부장들이 안량의 눈치만 보느라 약하고 의욕이 적다"고 한다거나, 안량이 죽고 난 뒤 문추를 다시 출병시키는 것을 말리며 지구전을 주장하는 것 등이다.

또 조조가 식량보급로 확보에 유리한 관도로 물러가자 관도로 진격하려는 원소를 말린다. 그러나 원소는 듣지 않는다.

이에 저수는 한탄한다.

"윗사람은 제 고집만 내세우고, 아랫사람은 제 공만 앞세우니, 과연 내가 저 광활한 황하를 두 번 다시 건널 수 있으리오?"

뒤이어 저수는 관도에서 속전속결을 하려는 원소를 말린다. 원소는 자신의 70만 대병의 위용에 자못 흐뭇해하면서 이런 대군으로 무엇을 걱정하느냐는 식이다. 이에 저수는 말한다.

"비록 아군의 수효는 많으나 조조 군사의 용맹스러움을 당해내기는 쉽지 않습니다."

원소는 이 직설적인 말에 화를 내며 저수에게 쇠고랑을 채워 감옥에 가두라고 명한다.

물론 저수의 판단은 모두 옳았다. 그런데 자부심 강한 스타일리스트 리더는 대부분 속이 좁아서 계속 옳은 판단만 하는 신하를 증오한다. 자신의 열등함을 증명하는 존재이기 때문이다. 애당초 주군이 소인배가 아니라 하더라도 듣기 싫은 '옳은 말'을 할 때에는 화법과 태도, 때와 장소가 중요하다.

그런데 자신의 정직성과 옳음에 자부심을 느끼는 대부분의 사람들은 태도가 거친 경우가 많다. 자신의 말을 듣지 않는 상대를 무시하고, 경멸하는 태도까지 취한다. 그들은 고분고분 이야기하며 상대를 먼저 기분 좋게 만들어 주면 왠지 아부하는 것 같다고 느낀다. 그래서 오히려 훨씬 거만하고 직설적으로 '옳은 말'을 해 버려 용서받지 못하는 일이 많다.

그런 사람들은 '옳은 말'을 하는 자신의 도덕적 우월성을 만인이 인정해야 한다는 듯한 태도를 취하고, 또 그런 도덕적 우월성을 과시하기 위해 더 거만하게 말하며 상대를 비하하기도 한다. 그러나 역사를 보면, 그렇게 '옳은 말'을 싸가지 없이 한 신하들은 거의 다 죽임을 당했다.

더구나 원소는 아부하는 말을 좋아한다. 자기 자신에 대해 비정상적일 만큼 만족하고 자부심이 높은 잘난 족속이다. 그런 사람을 상대로 '네가 잘못됐고, 내가 옳다'는 화법을 구사하는 것은 차라리 죽어 마땅한 짓이다.

전풍과 저수는 멀리 세태를 보는 눈은 가졌으나 자기 주군을 보는 눈이 없었고, 자기 주군을 다루는 능력조차 없었다.

'좀더 고분고분하게, 아부하듯이 상대의 기분을 좋게 맞춰 주면서 올바른 길을 안내하는 기술'만 가졌더라면, 《삼국지》의 주인공은 조조가 아니라 원소로 바뀌었을 것이다. 그리고 지금 온 세상이 칭송하는 제갈량의 자리에 전풍과 저수의 이름이 올랐을 수도 있다. 이들이 《한비자》의 '세난편'만이라도 주의깊게 읽고 열심히 연구했다면 어땠을까 하는 안타까움이 남는다.

그런 그들을 역사가들은 불운한 '의사'(義士)로 떠받든다. 사실 원소 진영의 무질서한 난맥상을 돌아보면 그들도 어찌할 도리가 없었을 것 같다는 생각이 들지 않는 바는 아니다. 그러나 어쨌든 신하론의 관점에서 그 두 사람은 그저 '나쁜 신하'의 사례일 뿐이다. 최후는 장렬했으나, 실패한 신하로 죽고 난 뒤 '알고 보니 네가 옳았다'고 칭찬받으면 무엇할 것인가.

주인을 잘못 고른 탁월한 신하들

역사적으로 핍박받았던 신하들은 대부분 '옳은 판단을 하고, 옳은 말로 간했던 신하'들이다. '옳은 말'은 자신의 목을 치는 칼로 돌아오는 경우가 많다. 도덕적으로 승리했으니 됐다고?

아니다. 신하의 위치에서 살아야 하는 사람들에게는 핍박받아 쫓겨나거나 죽는 것은 모두 실패하는 것이다. 그러므로 실패하지 않을 모든 방책을 강구해야 한다. 자신의 판단과 지략에 자신이 있다면, 판단력을 더욱 예리하게 다듬기 전에 '아부의 기술' 혹은 주군을 기분 좋게 설득하는 화법부터 익혀야 한다. 주군을 망치는 간신배들은 다 갖춘 이 기술 하나 습득하지 못하고서 어떻게 성공적인 신하로 살 수 있다는 말인가. 다시 한 번 《한비자》의 '세난편'을 권한다.

신하들이 늘 기억해야 할 사실은 '신하는 종속변수'라는 것이다. 주군이 승리해야 신하에게도 영광이 있다. 일을 이룰 수 있는지의 여부는 주군의 기력에 따라 좌우된다. 요즘 말로 하자면 나의 조직이 승리하고 강해져야 한다는 것이다. 주군을 승리하게 하는 일이 신하 자신의 자존심·체면·신념보다 중요하다. 주군의 됨됨이가 도저히 승리할 만한 인물이 못 된다는 것을 파악하게 된다면, 현자들은 붕괴의 조짐이 보이는 순간 자리를 던져 버리고 떠나는 것밖에 할 수가 없다.

'승리하는 주군의 잘 나가는 신하'만이 남들 앞에서 자신의 자존심과 체면, 신념을 지킬 수 있는 법이다.

가후
賈詡

삼국지 최고의 처세술과 책략의 달인

가후(賈詡, 147~223)

- **자**   문화(文和)
- **시호**   숙후(肅候)
- **소속**   후한 말, 동탁 → 이각과 곽사 → 장수 → 조조
- **출신**   무위군 고장현(武威郡 姑臧縣)
- **출사**   효렴에 천거되어 낭으로 출사했다가 동탁과 함께 낙양으로 들어오고,
  동탁의 사위 우보의 참모로 있다가 이각, 단외, 장수 등을 거쳐
  조조에게 귀순한다.
  조비가 황제에 오르는 데 공을 세우고, 후에 태위를 지낸다.
- **사망**   223년 77세, 숙환으로 별세한다.

> 66
>
> **책략에 실수가 없고**
> **사태 변화를 꿰뚫었다**_진수
>
> 99

신하의 처세에 성공하고자 하는 의욕이 있다면, 반드시 마스터해야 할 사람이 가후다. 가후는 수없이 주인을 바꾸고, 앞서 모신 주인들이 비참한 최후를 맞았음에도 홀로 살아남아 삼공의 반열에 오르며 천수를 누린 끝에 자기 침상에서 편히 눈을 감은 '처세의 달인'이다.

　가후는 좋은 주군을 고르는 눈은 없었던 것 같다. 아니면 자리가 있는 곳에 우선 뛰어들거나 눈앞에 힘 있어 보이는 데에 일단 붙고 보는 스타일이었는지도 모른다. 어쨌든 그는 동탁의 사위인 중랑장 우보(牛輔)의 참모로서 첫 출발을 한다.

　동탁이 여포에게 살해당하면서 동탁의 천하는 햇수로 3년 만에 끝났고, 우보 역시 자신의 심복이었던 호적아(胡赤兒)에게 살해당한다. 게다가 우보는 명분 있게 죽은 것도 아니다. 재물을 들고 도망치다 욕심에 눈이 먼 부하에게 죽임을 당했으니 우보라는 인물의 됨됨이가 참으로 변변찮았음에 틀림없다. 게다가 가후가 다음으로 섬긴 주인은 천하의 무도한 이각과 곽사 같은 무리다.

이렇게 신하의 첫 번째 원리, 주인을 제대로 골라야 한다는 원칙을 지키지 못한 가후가 어떻게 천수를 누리며 명성을 떨치는 신하의 삶을 살 수 있었을까.

첫째, 가후는 주인을 움직여서 자기 자리를 만들 줄 알았고, 아니다 싶으면 지체 없이 떠나는 이적(移籍)의 달인이었다. 조폭 조직이나 다름없었던 동탁의 잔당은 동탁이 살해당한 후 그저 죽음을 목전에 둔 상황이었다. 동탁의 부하 이각, 곽사, 장제(張濟) 등은 장안의 실권을 잡은 왕윤에게 항복 의사를 밝혔지만, 왕윤은 "모두 용서해도 너희들만은 안 된다"고 거절한다.

이에 이들은 군대를 버리고 도망칠 궁리를 하는데, 가후가 이들을 설득하여 단결시킨다. 그리고 정국을 뒤엎을 수 있는 계책을 내어 장안으로 쳐들어가 여포를 추방하고 왕윤을 죽인 뒤, 동탁보다 더 무도하고 끔찍했던 이각과 곽사의 연합 건달정권을 탄생시킨다. 생각할 머리라고는 없는 조폭의 중간 보스쯤 됐던 이각과 곽사가 집권하면서, 가후는 이 정권의 머리노릇을 한다.

주인을 잘못 고른 탁월한 신하들

역사적으로 의로운 일은 결코 아니었지만, 그는 동탁의 잔당으로 수배범이 되어 쫓겨 다녀야 할 자신의 처지를 반전시킨다. 모든 처세와 책략의 제일원칙은 자신이 살아남는 것이니 그를 탓할 수만은 없다. 그리고 목숨을 건진 이후 보여 준 그의 처세술에선 만만찮은 내공이 드러난다. 직책을 탐하지 않고 낮은 자리에 머문 것이다. 그는 상도 마다하고 다만 관리의 선발을 관장하는, 지금으로 말하자면 인사과장쯤 되는 자리에 앉아 무도한 권력자들이 저질러 놓는 폐단을 인재를 통해 막는 역할을 맡았다.

그러나 건달패거리인 이각과 곽사는 저희들끼리 의심하며 난을 일으켜 장안을 초토화하고 황제를 핍박한다. 이때 가후가 한 선택은 천자를 보호하고, 그들과 함께 죽지 않는 것이었다. 그리고 자신이 모셨던 주군 이각이 무도하게 치닫자 뒤도 안 돌아보고 떠나 버린다.

이는 '현자는 무도한 세력과 맞서 싸우는 사람이 아니라 떠나는 사람'이라는 것을 증명하는 처세술이다. 병법 《삼략》(三略)에선 "현자가 떠나기 시작하면 그 나라는 망한다"고 했다. 뒤집어 말하면 현자라면 응당 망할 게 뻔한 조직에서는 떠나야 한다는 이야기다. 망해야 할 조직이 오래 버텨서 세상을 어지럽히는 데 힘을 보태는 건 현자가 해야 할 일이 아니기 때문이다.

그렇다면 가후는 현자의 도리를 어떻게 실현했을까.

다음에 선택한 것이 역시 동탁 잔당 중 한 사람인 장제의 조카 장수다. 가후는 별 근거지도 없이 떠도는 장수를 도와서 조조·원소의 세력으로부터 중립을 지켰던 유표와 화친을 맺도록 한다. 그리고 조조가 쳐들어오자 계책을 세워 조조를 궁지로 몰아넣는다.

그런가 하면 장수가 원소와 조조 중 어느 한 편을 선택할 수밖에 없는 기로에 섰을 때, 가후는 원소가 보낸 사자 앞에서 원소의 편지를 찢으며 거절의사를 밝힌다. 그리고 장수에게 조조의 편에 서라고 설득한다. 장수는 조조와 워낙 치열하게 싸웠던 데다 조조의 맏아들과 조카까지 죽였던 터라 조조를 두려워하고 있었다. 또 그 당시엔 원소의 세력이 워낙 컸기에 조조 편에 선다는 것은 누가 봐도 모험이었다.

그러나 가후는 세상 돌아가는 판세를 읽는 눈이 있었다. 그는 다음과 같은 말로 장수를 설득한다.

"조조와 손을 잡는 것이 세 가지 면에서 옳소이다. 첫째, 조공은 황제의 명을 받들어 천하를 정벌하는 것이니 명분이 있고, 둘째, 원소는 지금 형세가 강성하니 우리처럼 작은 세력이 저를 따른다 해

도 중히 여기지 않겠지만 조공은 형세가 약하니 반드시 환영할 것
이며, 끝으로, 조공은 오패(五霸)의 뜻을 품고 있는 자라 사사로운
원한으로 대사를 그르치지 않을 것이오."

마침내 가후는 장수를 설득하여 조조에게 귀순한다. 조조는 원
래 가후의 능력을 높이 샀던 터라 그를 얻은 것을 기뻐하며 경찰서
장 격인 집금오에 임명하고, 후에 관도대전에 함께 데리고 간다. 그
후 장수는 원소의 장남인 원담이 남피(南皮)까지 도망갔을 때 출전
하여 큰 공을 세우는 등 조조의 장수로 살고, 가후 역시 조조의 모
사로 관도대전부터 대활약을 펼친다.

둘째는 탁월한 실력이다. 신하에게 실력은 언제 어디서나 통하
는 궁극의 경쟁력이다.

그는 곽가가 죽은 이후 조조 진영에서 전술과 전략을 담당하는
핵심적 위치를 차지한다. 그의 세태를 읽는 눈은 정확했다. 의로움
이나 정의와 같은 단어로는 그를 설명할 수 없으나, 워낙 위태로운
조직을 전전하면서 갈고닦은 생존본능만은 탁월했기에 생겨난 능
력인지도 모른다.

관도대전에 임한 조조는 반년이나 대치를 하며 군량 위기로 몰

린다. 이때 가후는 조조에게 이길 수밖에 없는 네 가지 이유를 들며 대치만 하지 말고 싸워야 한다고 간한다. 이 말에 따른 조조는 끝내 전쟁에서 승리한다.

반면 조조가 남정(南征)하여 손권을 치려 할 때는 "전쟁을 하지 말고 선비들에게 상을 주고, 백성을 위로하고, 편하고 즐겁게 일하도록 한다면 손권이 저절로 머리를 숙일 것"이라며 화친 전략을 간한다. 그러나 조조는 듣지 않고 전쟁을 벌이다 패한다.

가후의 활약 중 인상적인 대목은 막무가내식의 젊은 장수 마초를 이기는 계책을 낸 것이다. 조조의 장수들은 힘으로 마초를 대적하지 못했고, 그래서 나가 싸우기보다 지키는 데에만 몰두하고 있었다. 평소 침착한 태도로 병사들이 불안해하지 않도록 군심을 잘 다스리는 리더인 조조는 마초가 자기 군영 밖에서 어슬렁거리는 모습을 보고는 이성을 잃고 투구를 벗어 던지며 소리를 지른다.

"저놈이 살아 있는 한 내 묻힐 땅조차 없겠구나."

마초와 대적하던 조조의 스트레스는 그 정도로 극에 달해 있었다. 가후는 이런 천하무적 마초를 상대로 이간책을 사용한다. 같은 편끼리 의심하도록 함으로써 마초를 멸망시킨 것이다.

한편 조조가 후사를 결정하는 문제로 장남 조비와 삼남 조식(曹

주인을 잘못 고른 탁월한 신하들

植)을 놓고 고민하며 가후에게 물었을 때, 가후는 즉답을 피하고 이렇게 말한다.

"저는 다만 원본초(원소)와 유경승(유표)의 일을 생각하고 있었습니다."

이는 원소와 유표가 모두 장남을 후사로 세우지 않아 망했음을 넌지시 일깨워 주는 것으로, 조조가 이 말을 듣고 조비를 후사로 삼았다는 건 유명한 일화다.

《삼국지》 위서 '가후전'에서 진수는 "순유와 가후는 잘못된 계획을 세우는 경우가 거의 없었다. 둘은 권모에 빈틈이 없었고, 변화에 따르는 융통성이 있었으니 가히 장량과 진평에 버금간다고 할 수 있을 것"이라고 평한다. 실력에서 그는 울트라 S급 인재였다.

마지막으로, 그는 삼가고 조심하며 낮은 자세를 지키는 전략으로 천수를 누릴 수 있었다. 업무능력이란 어느 자리에까지 오를 수 있는 경쟁력일 뿐이다. 이는 살아남는 경쟁력과는 다르다. 오히려 뛰어난 실력 때문에 일찌감치 뿌리 뽑혀 어느 귀신한테 잡혀갔는지도 모르게 사라지는 일은 흔하다. 실력보다 중요한 게 살아남기 위한 처세술이다.

가후는 언제나 외인부대였다. 동탁이 죽고 난 뒤 이각과 곽사의 무리에 속하게 될 때에 그는 원래 동탁 사위인 우보의 참모였다. 같은 편이긴 했으나 정통파 이각 무리는 아니었던 것이다. 그러나 동탁의 무리가 궁지에 몰린 시점이라 그는 이각을 돕는다. 그리고 드디어 이각의 무리가 권력을 쟁취한다.

이에 이각은 가후를 제후에 봉하려 한다. 그러자 그는 사양하며 말한다.

"그저 목숨을 구하려는 계책을 낸 것이 무슨 공이겠습니까?"

그러면서 완강하게 사양하며 큰 벼슬을 받지 않는다.

기관장인 상서복야를 맡기려 하자 가후는 이 역시 맡지 않는다. 그는 다만 인사부서의 일을 보는 상서를 맡았을 뿐이다. 그 후에도 가후는 이각이 내리는 관직들을 거절하며 낮은 자리에 머물고, 이각과 곽사가 서로 싸우며 난리를 부리는 통에는 대신과 황제를 은밀히 보호하는 일에 나선다.

그는 계책과 모략이 깊고 뛰어난 데다 영민하였음에도 이처럼 삼가고 낮추는 태도였기 때문에 무도한 이각 등도 그를 두려워했다고 전한다. 그는 이후에도 그가 모신 주군들에게 경계심과 두려움을 일으키는 기운이 있었는데, 언제나 자세를 낮춰 자기 영민함이 자신의 목을 치지 않도록 했다.

주인을 잘못 고른 탁월한 신하들

조조 진영에 합류했을 때도 마찬가지로 그는 외인부대였다. 이에 그는 깊고 인상적인 실력을 보여 주면서도 결코 나대지 않는 자세로 남들의 눈에서 비껴나려고 애썼다. 그는 항상 문을 걸어 잠그고 스스로를 지켰으며, 집에 돌아와서도 사사로운 교분을 맺지 않았고, 자식들도 권문세가와 혼인시키지 않았다.

실력이 뛰어난 것만으로도 주변에선 손톱을 세우고 노리게 돼 있다. 하물며 보호막도 없는 외인부대일 때에야 더하다. 그는 책잡히지 않는 전략으로 살아남았던 것이다. 실제로 신하로서의 최고 영예는 순직하는 것이 아니라 조직에서 천수를 누리고 자기 집 침상에서 죽는 것이다.

원래 소문난 마당발이 허명(虛名)은 얻으나 실속이 없고, 때로는 숱한 인맥의 어느 부분에 치여 명예도 잃고 목숨도 잃는 일이 허다하다. 진정 실력 있는 사람은 숨어서 몸을 낮출 줄 알아야 한다.

주군을 선택하는 데에서 실수할 수 있다. 처음 본 사람을 어떻게 알 수 있는가. 그러나 그것으로 끝은 아니다. 무도하거나 나를 위태롭게 할 수 있는 주군에게서는 영화를 구하지 않고, 아니다 싶을 때는 떠날 줄 알고, 실력이 못 미치는 주인과는 함께 실력 있는 주인을 찾아 투항할 줄 아는 처세가 중요하다. 또 실력이 뛰어날수록 오히려 몸을 낮추는 처세야말로 제 한 몸의 위태로움을 피하는 방법이다.

동탁의 모사, 이유

《삼국지연의》 내용 중 동탁 진영에서 가장 맹활약하며 깊은 인상을 남기는 모사는 이유[李儒, 자는 문우(文優)]다. 이유는 동탁이 당시 황제인 유변(劉辯)을 폐하고 그 아우인 유협(劉協)을 황제로 앉히는 문제에서부터 관여하기 시작하여, 이후 동탁 진영의 모든 전략이 그의 머리에서 나온다.

그를 다룬 역사적 기록은 빈약해서 《후한서》 등에만 일부 등장한다. 박사로 특별 채용된 나이든 관리로, 낭중령으로 있을 때 동탁의 지시에 따라 유변을 독살했다는 기록이 있다.

이는 《삼국지연의》에도 나오는 대목이다. 하지만 소설에서 이유의 역할은 여기에 그치지 않는다. 반(反)동탁 연합군이 원소를 맹주 삼고 쳐들어오자 원소의 숙부인 태부(太傅) 원외(袁隗)를 죽이고, 낙양에 불을 지르고 떠나 장안으로 천도하도록 건의하여 성사시키는 등 동탁이 권력을 유지하기 위한 모든 계책을 내놓은 모사로 그려진다. 이유가 간하는 대로 할 때 동탁에게는 모든 일이 순조로웠다.

그런데 사도 왕윤이 동탁에게 초선을 보내고, 이로 인해 동탁과 여포 사이에 갈등이 깊어진다. 이에 이유는 동탁에게 초장왕(楚莊王)의 절영지연(絶纓之宴)을 이야기하며 "초선을 여포에게 보내라"고 간한다.

워낙 이유의 말을 잘 듣는 동탁은 처음엔 초선을 양보하려 한다. 하지만 초선이 반발하자 마음을 바꾼다. 이에 이유는 "우리 모두 한 계집의 손에 죽겠구나"라며 통탄한다.

이유의 계책이 먹히지 않으면서 동탁 진영은 무너진다. 동탁은 수양아들 여포에게 살해당하고, 그 직후 이유도 처형되는 것으로 소설은 묘사한다. 그러나 다른 기록에 따르면 동탁 사후에도 살아남은 이유를 이각이 헌제에게 천거했다고도 한다.

부실한 역사기록을 대신하여 일단 소설에 나타난 면모만으로 본다면, 이유는 판단에 실수가 없는 모사 중의 모사였다. 그러나 주군을 완전히 잘못 골라 자신의 능력을 세상을 파괴하는 데 사용한 불우한 지식인이었다.

이유가 모셨던 동탁은, 《삼국지》 '동탁전'의 첫머리에 따르면, "젊은 시절 협기를 숭상하여 일찍이 강족(羌族)이 사는 곳까지 떠돌아다니며 그 우두머리와 사귄 사람"이다. 한마디로 건달 혹은 깡패였다는 얘기다. 요즘 말로 하자면 '조폭 두목' 정도라고나 할까. 완력이 대단했고, 염치와 도덕이 없었으며, 무식하고 배포가 컸다.

원래 구질서가 무너지는 시기에는 이런 인물들이 등장해 기존 질서를 완전히 허물고 무정부 상태와 같은 혼란을 야기함으로써 새로운 영웅들을 불러내는 경우가 많다. 이런 인물들은 권력 내부에서도 나타나고 외부에서도 나타난다.

동탁은 그중에서도 최악의 무뢰배였다. 그는 후한 말의 혼란스러움을 단기간에 극적으로 '혼란의 궁극'으로까지 밀어붙인다. 후한 말 역사상 가장 화려하고 뛰어난 인물들이 동시에 튀어나와 일전을 벌인 것은 동탁이 가져온 엄청난 충격의 여파로 인한 것인지도 모른다.

동탁은 나쁜 권력이 갖는 모든 특징, 무식함·파괴성·포악함·공포·탐욕을 모두 가지고 있었다. 이런 '사악한 리더십'을 유지하기 위해선 지식인, 즉 모사의 계책이 뒷받침되어 주지 않으면 안 된다. 뛰어난 지식과 지능과 재능을 갖고 태어난 자가 때로는 세상

주인을 잘못 고른 탁월한 신하들

을 악하게 만드는 데 가장 앞장서기도 한다. 바로 이유가 그런 인물이 된다.

　재능이 뛰어난 자들도 어떤 주인을 만나느냐에 따라 그 용처는 아주 달라진다는 점을 이유는 온몸으로 보여 준다.

4

자기를 망치는 기술

예 형
공 융
양 수
허 유
마 속
양 의

신하로 성공하는 것은 쉬운 일이 아니다. 자타가 '이만하면 성공했다'고 인정할 만한 성공을 거두는 신하는 100명 중 한두 명 정도나 나올까? 대부분은 평범하게 자신의 일을 하면서 가족들 부양하는 것으로 만족하는 조직생활을 한다. 그리고 100명 중 한두 명 정도는 크게 실패한다.

성공하는 신하와 자기를 망치는 신하는 모두 하나같이 개성이 강하다. 개성이란 좋게 쓰면 좋고, 삐끗하면 자신을 망치게 할 수 있다.

예형
禰衡

독설과 궤변의 상징이 된 나체 시위의 원조

예형(禰衡, 173~198)

- **자**　　정평(正平)
- **소속**　후한 말의 문사
- **출신**　청주 평원군 반현(靑州 平原郡 般縣)
- **출사**　공융의 천거로 출사한다.

　　　　조조에게서 북치는 자리를 받은 후 유표(劉表)에게 사자로 갔다가,

　　　　이후 다시 유표의 심복인 황조(黃祖)에게 보내진다.
- **사망**　황조를 능멸하다가 처형당한다. 당시 25세.

《삼국지》에는 기이한 모습으로 잠깐 나타났다 허무하게 사라지는 사람이 한 명 있으니 바로 예형이다. 그는 출사한 지 1년 만에 조조에게서 유표, 다시 황조에게로 갔다가 결국 죽임을 당한다. 그를 만난 모든 사람은, 그의 절친한 친구 공융을 제외하고는, 모두 그의 독설과 궤변에 분노하고 화를 낸다.

역사에 짧게 왔다 갔지만, 그는 독설가·궤변가라고 하면 이후에도 그 이름이 거론될 만큼 강렬한 인상을 남겼다.

예형은 당대의 천재로 꼽혔던 공융이 조조에게 천거한 사람이다. 당시 조조는 원소와의 싸움을 앞두고 양 진영 모두에 거리를 두고 중립을 지키는 형주의 유표를 설득하기 위해 사자로 보낼 사람을 물색하였는데, 이때 공융이 나서 예형은 '황제를 보필할 만한 인물'이라며 천거한 것이다. 공융은 예형을 천거하는 표에 다음과 같이 쓴다.

자질은 맑고 곧으며, 타고난 재주 또한 남달라서 어려 처음 글을 익히자마자 곧 그 깊은 뜻을 깨우쳤고, 눈앞에 한 번 스친 것을 입으로 외우고, 귀로 한 번 들은 것을 마음에 잊지 않으며, 성품과 도(道)가 합치되고 생각은 신에 가깝고, 성실하고 정직하며, 지조가 곧아 착한 일을 들으면 기뻐하고 악을 보면 미워하고, 절개가 남다른 절세의 위인이라. 재주로 말하자면 사리에 밝고, 변설에 능하며, 지모가 심원하고, 일을 과감히 결단하니 가히 국난을 진정시키기에 족할 인물입니다.

이에 조조는 사람을 보내 예형을 불러온다. 그런데 조조는 그를 한번 보더니 자리에 앉으라는 말도 하지 않고 세워 둔다. 이에 예형이 말한다.

"천지가 광활하나 사람은 없도다."

조조가 말한다.

"내 수하엔 당대의 영웅이라 할 인물만 수십 명이다. 어찌 사람이 없는가?"

이에 예형은 조조의 부하들을 다음과 같이 평한다.

"순욱은 남의 집 문상이나 다니면 제격이고, 순유는 무덤이나 지키고, 정욱은 관문이나 여닫고, 곽가는 글이나 읊조리면 딱 맞을 위인입니다. 또한 장요는 북이나 치고, 허저(許褚)는 마소나 먹이고,

악진(樂進)은 조칙이나 읽고, 이전(李典)은 격문이나 띄우고, 여건(呂虔)은 칼이나 갈고 쇠나 두드려 창검을 만들라 하고, 만총(滿寵)은 술이나 거르며 지게미나 마시면 딱 알맞을 것이오. 우금(于禁)은 등짐으로 흙을 날라 담이나 쌓고, 서황(徐晃)은 개돼지나 잡는 백정노릇을 시키면 제격일 것이오. 하후돈은 덩치만 크고, 조인(曹仁)은 돈을 긁어모으는 데 이골이 났고, 나머지들이야 모두 허우대만 멀쩡한 옷걸이 아니면 밥통일 뿐, 들어 말할 게 있겠소이까?"

그러면서 자신에 대해서는 이렇게 설명한다.

"나는 천문지리를 환하게 꿰고, 삼교구류(三教九流, 유·불·선 3교와 유가·도가·음양가·법가·명가·묵가·종횡가·잡가·농가의 아홉 갈래 사상)에 대해 모르는 게 없소이다. 위로는 임금을 요·순 임금처럼 만들고 아랫사람들은 공자와 안연(顏淵) 같은 덕을 갖추게 할 수 있으니, 어찌 세간의 속된 무리와 더불어 논할 수 있겠소이까?"

시쳇말로 '자뻑 대마왕'이다. 이런 사람을 만나면 누구나 어이없을 수밖에 없다. 그러나 그는 어쨌든 장안에 이름난 기재다. 이에 조조는 그를 망신 주기 위해 아침조회나 잔치에서 북을 치는 자리를 내준다.

예형은 이에 앙심을 품고, 다음날 조회 때 옷을 갈아입지 않고 북을 치다가 이를 지적당하자 그 자리에서 옷을 훌렁 벗어 버린다. 좌중은 모두 놀라고 조조도 당황하여 꾸짖는다. 그러자 그는 이렇게 말한다.

"이 탁한 장소에서 나는 부모님께서 물려주신 청백한 몸을 드러내 깨끗함이 무엇인지를 보였을 뿐이오이다."

조조가 화를 내며 무엇이 탁하냐고 묻자 이렇게 말한다.

"탁함의 근원은 바로 너다. 네가 어진 이와 우둔한 자를 분간하지 못하니 눈이 탁하고, 시서를 읽지 않으니 입이 탁하고, 옳은 말을 받아들이지 못하니 귀가 탁하고, 고금 역사에 정통하지 못하니 네 몸이 탁하고, 제후를 용납하지 못하니 이는 네 배가 탁하고, 불철주야 찬역(簒逆)의 염에 불타니 마음이 탁한 탓이라. 나로 말하면 천하의 명사이고, 시류에 능하며, 동서고금의 이치를 깨고 있는 재사 중의 재사이거늘 네가 나를 북이나 치게 하니, 이것이 무례하지 않으냐. 사람을 이렇게 우습게 아니 네가 어찌 천하를 얻으려는 배포를 가진 자라 할 수 있느냐."

예형에게 동정적인 일설에 의하면, 그가 조조에게 출사하기 싫어서 이렇게 막말을 했다고도 한다. 그런 것이 아니었다면 이는 병적인 수준의 자아도취(自我陶醉)다. 자신을 알아주지 않는다는 사

자기를 망치는 기술

실 하나에 분노하고 타인을 증오하는 사람은 생각보다 많다. 한데 사람들은 이런 인물을 유아적이고 세상물정 모르는 인간으로 인식한다. 세상에 사람은 많고 각기 다른데 어떻게 자신만이 독보적으로 잘났다고 확신할 수 있겠는가.

결국 조조는 그를 유표에게 보낸다. 유표도 재사로 유명한 그를 만나 얘기를 나눈다. 그런데 유표의 덕을 칭찬한다는 것이 모두 은근히 비꼬며 욕을 하는 것이니 참을 수가 없다.

유표는 그를 강하(江夏)에 있는 황조에게 보낸다. 황조는 그를 만나 이야기를 하는데, 하는 말마다 상대를 깔아뭉개고 욕하는 것이니 분개해 죽여 버린다. 그는 머리가 떨어져 숨이 끊어지는 순간까지 욕을 했다고 한다.

남의 시시콜콜한 약점을 끌어내 비판하고 막말을 퍼부으면서 어설픈 정의감에 불타는 '예형의 후예'들은 지천으로 많다. 남의 약점을 공격하고 독설을 퍼부으면서 진실을 말했다고 생각하며 도덕적 우월감을 느끼는 부류이다. 예형은 그런 사람들의 원조격일 것이다.

물론 그의 말에는 일견 진실이 내포되어 있었다. 그러나 인간은 누구나 속에 구린내 나는 것을 품고 살 수밖에 없다.

그가 "네 창자 속에 똥이 있다"고 말하는 것은 진실이다. 그런데 다른 사람들이 이를 몰라서 이런 걸 끌어내 세상에 진열하지 않는 게 아니다. 이런 것이 세상에 돌아다니면 세상이 더러워지기 때문이다.

그런데 사람은 제 것만 아니라면 남의 구린 것을 보고 조롱하며 욕하는 것을 즐긴다. 그러니 이런 것만 끌어내 욕할 수 있는 환경을 조성해 주는 사람은 용감하다는 허명(虛名)을 쌓는다.

원래 진실을 얘기하는 데는 엄청난 용기와 기술이 필요한 법이다. 그런데 이렇게 거칠게 대놓고 끌어내 욕을 하니 어떻게 목숨을 부지하겠는가.

예형은 죽었을 때 가슴 속에 세상을 경륜할 계책을 품고 있었다고 한다. 그러나 아무리 뛰어난 재능과 지모도 채택되지 못하면 쓸모없는 것이다. 지모를 타고난 자가 세상을 위해 자신의 능력을 써 보고자 한다면 먼저 말하는 기술을 배워야 한다.

개인적으로는 예형이 인격장애를 앓고 있었다고 본다. '나는 옳은데 세상이 다 틀려먹었다'는 인식은 정상적인 사람이 할 수 있는

자기를 망치는 기술

생각이 아니다. 만일 이런 생각이 자신을 지배하려 들거든 반드시 정신과에서 상담부터 받아야 한다. 예형 같은 천하기재도 '세상이 다 틀렸다'고 외치다 불과 스물다섯 살에 죽임을 당했다.

공융
孔融

'미스터 쓴소리' 천하기재

공융(孔融, 153~208)

- **자** 　　문거(文擧)
- **소속** 　후한 말, 조조
- **출신** 　예주 노국 곡부현(豫州 魯國 曲阜縣)의 명문가 자손으로 공자의 20세손.
　　　　문필에 능하여 건안칠자(建安七子)의 한 사람으로 꼽히고,
　　　　저서로는 《공북해집》(孔北海集, 총 10권)이 있다.
- **출사** 　헌제 때 북해태수로 임명받아 학교를 세우고 유교를 가르치다가
　　　　이후 조정에 출사한다. 명망이 높았으나 치적은 별로 없다.
- **사망** 　형주정벌에 분개해 조조를 비판하다 처형당하고 가족도 함께 몰살당한다.

> **"**
> 진짜 도적이 지극히 어진 이를 치니
> 어찌 패하지 않을꼬
> **"**

공자의 20세손인 공융은 어려서부터 천재로 명성이 자자했던 '신동'(神童) 출신이다. 집안 좋고, 명석하고, 배우는 것을 좋아하고, 성격도 곧으니 한마디로 국가대표 '엄친아'였다.

북해태수로 있을 때, 그는 황건적 관해(管亥)가 쳐들어오자 태사자(太史慈)를 유비에게 보내 구원을 요청하고, 이후 유비가 서주를 얻는 데 결정적인 기회를 만들어 주기도 한다. 또 독설가 예형을 조조에게 천거하기도 했고, 조조를 비판하는 체제 내 야당노릇을 하다 죽임을 당한다.

공융은 조조의 조직 내에서 직언과 쓴소리, 비판을 많이 했고, 조조가 하는 일에 주로 반대의견을 제시했다. 그러나 그가 주군에게 좋은 신하였다는 사례는 별로 없다. 다만 그는 조직 내 평론가 혹은 비평가 같은 인물이었다.

조직에는 반드시 비평가 같은 사람들이 있다. 아는 것은 많은데, 자신이 아는 것을 실무보다는 말로 풀어내는 데 정력을 낭비한다. 이런 비평가들은 틀린 말을 하는 것은 아닌데, 이로써 일하는 다른 사람들의 발목을 잡는 일이 잦다. 이 때문에 스스로는 자신에 대한 만족감이 높으나 다른 사람들에게 불만을 사고, 조직에서도 중용되기 어려운 경우도 많다.

물론 먹물깨나 먹은 선비들 중 상당수는 불평과 비판을 일삼고, 현실 대응능력도 떨어진다. 때로는 이런 현실적 실력부족을 쓴소리와 비판으로 포장하여, 자신이 중용되지 못하는 것은 실력이 못 미친 탓이 아니라 군주가 자신을 두려워하기 때문인 것처럼 다른 사람들을 믿게 하려는 경향도 있다.

이런 선비들이 넘치는 판국이니 비판과 쓴소리를 했다 하여 주군들이 곧바로 죽이는 것은 아니다. 이런 사람들을 많이 알고 있고, 그 밑에 수두룩하게 두고 있기 때문에 일단 이런 인물들에 대해서는 큰 기대를 하지 않고 포기할 줄도 안다. 또 그들의 많은 말 중에 가끔은 참고할 만한 이야기도 있으니 굳이 미워할 필요도 없을 때가 많다.

말 많은 신하를 죽이는 것은 주군의 가슴속에 그만큼의 증오가 있거나 모든 반대를 무릅쓰고 무언가를 관철하기 위해 한 사람을 본보기로 희생양 삼아야 할 때이다.

공융의 경우에는 정황상 전자와 후자를 아울렀지만, 실질적으로는 주군에게 넌덜머리가 날 정도의 증오와 혐오감을 심어 줌으로써 명을 재촉했다는 혐의가 짙다. 그는 어떤 '기술'로 스스로를 위기로 몰고 갔을까.

첫째, 공융은 남의 일에 너무 많이 나섰다.

한 예로 조조가 황실백관의 대표이며 원술의 친척인 태위 양표(楊彪)를 제거하기 위해 술수를 꾸밀 때였다. 겉으로는 조조가 흑막임이 드러나지 않게 일을 꾸미는데도 공융은 조조에게 달려가 "양공이 황제를 모심에 있어 청렴하고 덕이 높기로 널리 알려져 있는데, 설사 원술과 내왕이 있었다 한들 그것이 무슨 죄가 된다 하십니까?" 하고 따진다.

조조가 "조정에서 하는 일인 모양"이라며 모른 척 시치미를 떼자 "성왕(成王)이 소공(召公)을 죽였다고, 주공의 입장에서 모르는 일이라 발뺌할 수 있겠소이까?" 하며 반박한다.

조조가 양표를 제거하려 한 데는 자칫하면 자신이 곤경에 빠질 수 있다는 방어적 이유가 있었다. 물론 옳지 않은 일이었지만 원래 군주는 이기적이어서 자기가 우선이다. 이런 일을 간하면서도 에둘러 말하거나 다른 수사학적 기법을 동원하지 않은 채 직선적으로 대놓고 비판하며 말리니, 양표의 목숨은 구했지만 자신의 목숨은 점점 위기로 몰고 간 것이다.

둘째, 사람을 천거할 때에는 굉장히 조심해야 한다.

그는 조조를 대놓고 모욕했던 예형을 천거한 것으로 이미 돌이킬 수 없는 실수를 했다. 예형 같은 인물을 추천함으로써 사람 볼줄 모르는 허황된 안목을 만천하에 드러냈다. 게다가 천거한 인물이 무능한 게 아니라 주군을 모욕했으니 연좌제에 걸릴 만한 빌미를 제공했다.

셋째, 주군이 사활을 걸고 하는 일에 늘 반대하면서도 그 이유는 고리타분하고 창의성이 없었다.

예를 들어 원소를 칠 것인지 논의하는 자리에서 공융은 "원소는 땅이 넓고 백성들도 안정돼 있으며, 수하에 지략가와 용맹한 장군들이 많다"는 점을 지적한다. 그러나 순욱은 그들이 모두 쓸모없는 인물들이라며 근거를 들어가며 설명한다.

자기를 망치는 기술

넷째, 주군의 도덕적인 부분을 직선적으로 공격했다.

조조가 유비와 유표를 정벌하러 형주로 떠나려는 순간 공융은 조조에게 들어가 간한다.

"유비와 유표는 모두 한실 종친인데 함부로 치면 아니 됩니다. 그리고 손권은 호랑이처럼 여섯 군에 웅거하여 지역을 평안하고 윤택하게 다스리며 백성들은 안전합니다. 또 큰 강을 끼고 있어 형세가 험난하니 공격하기 쉽지 않을 것입니다. 이런 마당에 승상께서 대의명분도 없는 군사를 일으키시면 천하의 인망을 잃을까 두렵습니다."

그러나 이미 준비를 끝낸 조조는 화를 내며 그를 물린다. 일이 이쯤 되었으면, 군주가 기대하는 신하의 도리는 전쟁에서 이기는 방법을 궁리하거나, 전쟁이 불리하다면 이를 대신할 수 있는 대안을 제시하는 것이다. 이런 마당에서 도저히 주군의 행위를 용납할 수 없다면 공손히 인사하고 자리에서 물러나야 한다. 그런데 공융은 거꾸로 간다. 나가면서 혼잣말이랍시고 한다.

"진짜 도적이 지극히 어진 이를 치니 어찌 패하지 않을꼬…."

세상 어느 조직에서나 벽에도 귀가 있어서 혼자 한 말이라도 비밀이 지켜질 거라 생각해선 안 된다. 이 혼잣말을 빌미로 그를 옭아 넣을 모략들이 생기고, 결국 공융은 과거 예형과 나누었던 이야기를 꼬투리 잡혀 '효'를 왜곡했다는 터무니없는 이유로 처형된다.

그런데 이런 것은 모두 정황적 이유에 불과하다. 공융을 진짜 위태롭게 만든 것은 자신의 주군인 조조를 '진짜 도적'으로 여기며 혐오했다는 점으로 보인다. 그는 천하기재였으나 주군을 위해 제대로 된 꾀를 내지 않고 늘 반대만 한다. 이는 지략이 부족했기 때문이 아니라 주군을 미워했기 때문일 것이다.

이러한 감정은 순식간에 상대방에게 전이된다. 조조도 공융의 마음을 알아차렸고, 그래서 그가 하는 모든 말이 미웠고, 다만 그의 명성 때문에 어쩌지 못하고 있다가 빌미를 잡자 죽여 버린 것이다.

주군을 사랑하는 신하가 주군에게 쓴소리를 하고 반대를 하더라도 주군은 그를 살려둘 가능성이 더 높다. 더욱이 조조는 많은 부하들의 반대를 무릅쓰고 원상과 원희를 잡으러 멀리 오환정벌을 하고 난 이후에는 정벌에 반대했던 신하들에게 상을 내리며, "언제든 기탄없이 반대하라"고 주문했던 군주였다.

그러므로 쓴소리를 할 때는 진정 걱정하고 사랑하는 마음을 담아야 하며, 대책도 함께 내놓아야 한다. 조직 내에서 대책 없는 쓴

자기를 망치는 기술

소리는 그야말로 헛소리나 다름없는 말이다.

결국 공융을 죽음에 이르게 한 것은 '옳은 말'보다는 자신의 주군인 조조에 대해 가졌던 혐오감이었다고 본다. 자리를 보존하느라 혐오하는 조조 밑에 붙어 있었던 그의 미련함이 죽음을 재촉한 것이다. 주군이 참을 수 없이 밉다면, 그 감정이 자신을 파괴하기 전에 떠나는 것이 나았다.

공융은 자신이 증오하는 주군을 모시는 일이 신하를 얼마나 큰 위험에 빠뜨리는지 보여 주는 사례다.

양수

楊脩

주군의 마음을 읽은 죄로 죽임당한 계륵 같은 재사

양수(楊脩, 185~219)

- **자**　　덕조(德祖)
- **소속**　후한 말, 조조
- **출신**　홍농현 화흠현(弘農郡 華陰縣) 사람.
　　　　태위 양표와 원술의 누이 사이에서 태어난 사세대위의 명문가 출신이다.
- **출사**　조조의 부름으로 창조(創曹) 소속 주부로 출사하여 조조의 모사로 활동한다.
- **사망**　한중공방전 당시 군심을 어지럽혔다는 죄목으로 34세의 나이에 처형당한다.

> 계륵이라는 것이 먹자니 먹을 게 없고
> 버리자니 아까운 것이지요

당대 재사 중의 재사로 이름 높았던 예형은 "허도에 인물은 오직 공융과 양수뿐"이라고 꼽았다. 그리고 이 셋은 모두 말을 참지 못하는 성격 때문에 죽임을 당한다. 셋 모두 혓바닥으로 자기 목을 친 경우이지만 성향은 달랐다. 예형은 삐딱한 독설가, 공융이 야당 성향의 비평가였다면, 양수는 재기발랄한 참견꾼이었다.

그는 '계륵'(鷄肋, 닭갈비)이라는 고사로 유명한 인물이고, 그 자신이 조조에게 계륵 같은 신하였다.

이 고사는 조조와 유비가 한중 땅을 놓고 공방전을 벌일 당시에 일어난 실화다. 당시 조조는 군량기지를 모두 유비에게 빼앗기고, 전투에서도 계속 패해 이미 한중의 경계까지 물러난 상태였다. 그에겐 이미 철군 외엔 방법이 없었다.

그러다 어느 날 식사로 계탕(鷄湯)이 올라온다. 조조가 그릇 속의 계륵을 한참 들여다보고 있는데, 그의 장수 하후돈이 장막 안으로 들어와 오늘밤 암호를 정해 달라고 한다. 그러자 입에서 나오는 대로 중얼거린 것이 바로 '계륵'이었다.

하후돈이 그날 밤 암호를 계륵이라고 전하자, 양수가 이를 듣고, 즉시 수행하는 군사들에게 각기 행장을 수습하여 돌아갈 준비를 하라고 명한다.

하후돈이 이유를 물으니 양수는 이렇게 대답한다.

"오늘밤 암호를 보니 위왕께서 곧 퇴군하실 것 같습니다. 닭갈비라는 것이 먹자니 먹을 게 없고, 버리자니 아까운 것이지요. 지금우리 군사는 앞으로 나아가자니 이기지 못할 것이고 뒤로 물러서자니 남의 웃음거리가 될 터이지만, 그렇다고 더 있어 봤자 이익이 없으니 차라리 일찍 돌아가는 것만 못하오. 위왕께서 그리 결심하시고 내일은 군사를 물릴 것입니다. 그래서 갑작스러운 퇴군에도 당황하지 않도록 행장을 수습하라 한 것입니다."

이 말에 하후돈도 공감하고 자신의 군사들에게도 행장을 꾸리라고 한다. 그날 밤 조조가 군영을 돌아보다 이 해괴한 광경에 문초를 하니 하후돈이 전후사정을 고한다. 양수의 지나친 기민함에 격노한 조조가 군심을 어지럽혔다는 이유로 양수를 참형에 처한다. 그리고 나서 조조는 다음날 철군한다.

세태를 정확하게 판단한 양수는 어째서 이렇게 죽임을 당한 것일까.

첫째로, 그를 위험에 빠뜨린 능력은 주군의 마음을 읽어 내는 탁월한 재능이었다.

그런데 원래 신하들이 출세하기 위해서는 주군의 마음을 읽는 능력을 반드시 가져야 한다. 문제는 이 능력이 잘 사용하면 출세를 돕지만, 자칫하면 죽음에 이르게 한다는 것이다.

주군의 마음을 읽는 능력을 출세로 연결시키는 것은 탁월한 처세술이다. 처세를 할 줄 모른다면 그 능력을 밖으로 드러내선 안 된다. 주군의 마음을 읽을 줄 아는 능력은 그야말로 칼날 위에서 춤을 추는 능력과 다르지 않다.

조조의 마음을 가장 잘 읽었던 사람은 모사 곽가였다. 그는 언제나 조조가 마음 한구석이 께름칙하여 선뜻 결정을 내리지 못하는 사항을 정확하게 집어내고, 다른 사람들의 반대에 맞서 자기가 대신 싸우고, 이를 성공시킬 계책까지 마련해 올린다.

그러면서도 그는 '내가 주군의 마음을 잘 알고 있다'는 식으로 자랑하지 않았다. 다만 우직하게 자신의 생각인 양 밀어붙이는데,

그것이 바로 조조가 미련을 둔 바이니 주군으로서는 얼마나 기특한 일인가. 그야말로 자기 손이 닿지 않는 등판 한가운데의 가려운 부분을 꼭 짚어서 긁어 주는 것과 다름없는 통쾌한 기분을 선사하는 것이다. 주군의 마음을 읽는 능력은 이렇게 주군을 위해 계책을 내놓을 때 써먹어야 한다.

그런데 양수는 이런 능력을 철없이 과시했다. 언제나 '내가 주군의 생각을 이렇게 잘 알고 있다'는 식으로 떠벌렸다. 이는 주군을 도우려는 게 아니라 자신의 능력을 만방에 자랑하려는 것밖엔 아무것도 아니다. 자신의 능력을 자랑하는 신하는 언제나 위태롭다.

계륵 사건만이 아니더라도, 그의 이 같은 철없는 행동은 여러 차례 반복됐다. 한번은 조조가 꽃동산을 꾸미게 한 적이 있는데, 꽃동산이 완성된 후 둘러보더니 가타부타 말없이 문 위에 '활'(活)이라는 한 글자만 써놓고 가 버렸다.

아무도 그 뜻을 짐작 못하고 고개만 갸우뚱하고 있는데, 양수가 오더니 "승상께서는 화원의 문이 넓어 못마땅하신 것"이라고 말한다. '문'(門) 안에다 '활'(活) 넣었으니 바로 넓다(闊)는 뜻이라는 것이다. 이에 다시 문을 조금 좁힌 뒤 조조를 청했다.

자기를 망치는 기술

조조가 크게 기뻐하며 "어떻게 내 뜻을 알았느냐"고 묻자 양수가 알려 줬다는 대답이 돌아왔다. 이에 조조는 겉으로는 칭찬했으나 속으로는 몹시 꺼려졌다.

　또 하루는 북쪽 변방에서 양젖으로 만든 수(酥)를 한 합(盒) 보내왔는데, 조조는 합 위에 손수 '일합수'(一合酥)라는 석 자를 써서 상 위에 두었다. 그런데 양수가 들어와 그걸 보더니 숟가락을 가져다가 여러 사람과 나누어서 다 먹어 버렸다.
　조조가 양수에게 "왜 다 먹었느냐"고 묻자, 양수는 "합 위에 '一人一口酥'(合을 人 + 一 + 口로 풀어 설명함)라 써 두셨으니 이는 한 사람이 한 입씩 먹으라는 뜻이라, 어찌 승상의 뜻을 어기겠습니까?" 하고 말한다.
　그 순간은 웃어넘길 수밖에 없는 상황이니 조조도 그냥 웃어넘겼지만 양수는 위태로워진다.
　주군을 상대로 이런 재기발랄한 장난질은 치면 안 된다. 한 예로 '야자타임'에서 상사를 상대로 무례한 언사를 했다가는 뒤로 봉변당하기 일쑤다. 주군의 위엄을 손상하는 장난이나 언사는 어떤 경우에라도 행해서는 안 되는 법인데, 양수는 자신의 재치에 자신감이 지나쳐 삼가며 조심하는 법을 몰랐다.

상대의 마음을 읽는 기술은 상대에게 들키지 않을 때만 성공하는 기술이다. 상대에게 '내가 네 마음을 읽고 있다'는 눈치를 채게 하는 순간 자기 목을 치는 기술로 돌아온다.

둘째, 조조의 사랑을 받기에는 출신성분이 불리했다.

양수는 태위 양표의 아들로 '사세대위'라고 하는 명문가 중 명문가의 자손이었다. 어머니는 원술의 누이였다. 말하자면 조조의 원수인 원술의 조카였다. 물론 조조에게 출사하여 그 아래에서 충성하고 있으니 평시에 그의 출신을 문제 삼을 수는 없다.

그런데 그의 처신은 조조의 미움을 살 만큼 경박했고, 그 훌륭한 재주로 조조를 돕기보다는 '내가 이렇게 재주 있는 사람이오' 하고 세상에 과시하기 바쁘니 어찌 예뻐할 수 있겠는가.

셋째, 신하로 천수를 누리려면 주군의 가족사에 끼어드는 일 만큼은 절대로 하지 말아야 한다. 이는 신하의 삶을 위태롭게 하는 지름길이다. 유비의 수족 같았던 제갈량도 절대로 하지 않은 것이 가족 간의 일에 끼어드는 행동이었다.

그런데 양수는 이 점을 간과했다. 양수는 조조의 셋째 아들, 조식과 깊이 교류했다. 조조는 이 셋째 아들을 사랑해 세자로 삼으려고 하기도 했다. 그러다 보니 맏아들 조비와는 물밑에서 치열한 경쟁이 일어났다.

한번은 맏아들 조비가 성 밖에 있는 자신의 심복을 남의 눈에 안 띄게 불러들이느라 그를 큰 채롱 속에 넣고 비단이라 속여 궁 안으로 들이려고 했다. 그런데 양수가 이 일을 미리 알고 조조에게 고해 바쳤다. 이에 조조는 조비가 들이는 물건들을 엄중히 조사하라고 분부한다.

당황한 조비가 인편으로 오질(吳質)에게 이 사실을 알리니 오질은 채롱에 정말 비단을 가득 넣어 들이도록 한다. 조조의 명을 받은 문지기가 채롱을 일일이 뒤져 보아도 비단밖에 없다. 이 말을 전해 들은 조조는 양수가 조비를 모해하려 했다고 의심하게 된다.

또 조조는 아들들을 끊임없이 시험했는데, 한번은 조비와 조식의 재주를 시험하기 위해 멀리 업군(鄴郡)성 밖으로 심부름을 시킨다. 그리고는 업군성을 지키는 문지기에게 두 아들을 절대로 성문 밖으로 내보내지 말라고 은밀히 영을 내린다. 조비가 성문을 나서려 했지만 문지기가 막는 바람에 되돌아올 수밖에 없었다.

이 소식을 들은 조식이 양수에게 의논한다. 그러자 양수가 이렇게 일러 준다.

"왕명을 받고 나가는 것이니, 만일 앞길 막는 자가 있거든 그 자리에서 참하십시오."

양수의 말대로 조식은 자신을 잡는 문지기를 꾸짖고 참해 버린다. 이 얘기를 전해 듣고 조조는 조식을 유능한 자식이라고 여기며 흐뭇해한다. 한데 뒷날 한 사람이 와서 이를 양수가 일러 줬다고 고한다.

또 양수는 조식을 위해 조조가 군사나 나랏일과 관련하여 물을 때 대답할 말 10여 조목을 만들어 준다. 조조가 묻거든 그 조목에 맞추어 대답하라는 것이다. 물을 때마다 조식이 청산유수처럼 대답하니 조조는 은근히 의심하는 마음이 든다.

이에 조비가 조식의 사람들을 매수하여 양수가 10가지 조목의 문답을 적어 준 글을 훔쳐다가 조조에게 바친다. 크게 진노한 조조는 총애하던 셋째 아들 조식까지도 좋아하지 않게 된다.

명문가 출신 신동들은 자신의 재주를 과신해 처세를 제대로 못한 탓에 재주 한번 못 펴보고 천수를 누리지 못하는 경우가 많다. 공융이 그랬고, 양수가 그랬다. '엄친아'는 엄마에게나 자랑스러운 아들이지, 조직에서도 그 능력 때문에 저절로 사랑받지는 못한다. 조직에서 가장 중요한 것은 능력보다 처신이다.

허유

許攸

주군을 친구로 여겨 죽음에 이른 모사

허유(許攸, ?~204)

- **자** 자원(子遠)
- **소속** 후한 말, 원소 → 조조
- **출신** 형주 남양군(荊州 南陽郡)
- **출사** 원소의 모사로 관도대전에 행군했다가 조조에게 투항한다.
- **사망** 지나친 교만이 화가 되어 처형당한다.

내가 너를 돕지 않았다면
이 성문을 가히 들어설 수가 있었겠느냐?

관도대전에서 허유가 없었다면 《삼국지》의 조조도 없었다. 허유는 조조에게 관도대전의 승리를 안겨 준 결정적인 인물이었다. 허유가 조조를 찾아왔을 때, 조조는 발을 씻다 말고 맨발로 뛰어나와 맞이하였다고 할 정도다.

그런 그가 어떤 기록에선 조조에게 처형됐다고도 하고, 소설에선 조조의 심복인 허저의 손에 죽은 것으로 그려진다. 그런데 그의 죽음을 놓고 조조를 비난하는 기록은 하나도 없다. 오히려 그는 '죽을 짓을 한 인물'로 치부된다. 큰 공을 세우고도 인정받기는커녕 죽임을 당한 그는 어디에서부터 잘못된 것일까.

진수의 《삼국지》 '무제기'(武帝紀)에는 허유에 대해 다음과 같이 기록돼 있다.

"원소의 신하 중에 재물을 탐하는 모사 허유가 있었는데, 원소가 그의 욕심을 채워 주지 못하자 도망쳐 조조에게 투항하여…"

이밖에도 허유에 대한 기록에서 공통적으로 묘사된 그의 성품은 '탐욕스러움'과 '교만함'이다.

먼저 탐욕.

소설엔 천하기재 공융이 허유에 대해 '지혜로운 모사'라고 묘사하는 대목이 나온다. 그러나 순욱은 "허유는 탐욕스러워 자신을 다스리지 못하는 자이며, 원소의 충성스런 모사인 심배와 봉기가 허유 일가의 범죄를 간과하지 않을 것"이라고 지적한다.

실제로 허유가 관도에서 대치 중일 때, 심배는 허유 일가가 군량을 빼돌린 혐의를 적발하여 그의 아들과 조카들을 감옥에 가둔다. 이 일이 일어난 직후, 허유는 원소에게 조조 진영의 군량이 바닥났으니 적극 공세를 취해야 한다는 계책을 올린다.

그러나 원소가 이를 받아들이지 않자 마음이 불안해진 허유는 곧바로 조조에게 도망간다. 그리고는 원소의 군량이 저장된 오소(烏巢)의 수비가 허술함을 조조에게 알려 주며 기습하도록 간한다. 이를 기점으로 원소의 판단 실수가 겹치고, 이에 따라 장합이 조조 진영에 투항하는 등 전세가 뒤바뀐다. 하룻밤 새 조조는 관도대전을 승리로 이끌고, 원소는 도망을 친다.

자기를 망치는 기술

투항(投降)은 웬만하면 안 하는 게 좋다. 투항한 신하치고 인생이 고달프지 않은 사람은 별로 없다. 또 투항에도 기술이 있는 법이다. 대의명분에 따라 투항하든지, 아니면 패배를 깨끗이 인정하고 투항하면 살길이 열린다. 그러나 자신의 탐욕과 비리 때문에 전(前) 주군을 배신하고 투항한 자는 새 조직에서도 의심을 받게 마련이다.

허유의 투항은 자기 탐욕의 결과였다. 탐욕으로 조직의 돈에 손을 대기 시작하면, 당장은 몇 푼이 제 주머니로 들어오지만 그 뒤까지 부귀영화를 누리지는 못한다. 탐욕은 자신을 위기로 몰아넣는다. 사실 허유의 투항은 그 자체로 위기였다. 그 당시 원소의 전세는 나쁘지 않았고, 오히려 조조보다 훨씬 유리했다. 그런 상황에서 자신의 비리가 들통나지 않았다면, 그는 조조에게 투항하지 않았을 것이다. 더욱이 허유의 비위사실은 너무 명백했기에 새 조직에서도 신뢰를 쌓을 수 없었다.

다음은 교만.

허유는 조조의 어린 시절 친구였다. 그는 이 사실을 들먹이며, 조조의 부하들 앞에서 거들먹거리며 교만하게 굴었다.

조조는 기주의 주인인 원소의 막내아들을 멀리 쫓아 놓고는 성을 공략한다. 이때 허유가 계책을 올린다. 장하(漳河)의 물을 터서 기주성을 물바다로 만들라는 것이었다. 그 계책을 따르자 기주성은 물바다가 되고 군량미도 떨어져 최악의 상황으로 몰린다.

이렇게 허유는 기주를 함락하는 데 일등공신이 된다. 그만큼 그는 능력이 있는 사람이었다. 그러자 그는 기세가 올랐다. 그는 기주성에 입성한 뒤 조조에게 달려가 채찍으로 성문을 가리키며, 조조의 아명을 부르며 소리쳤다.

"아만(阿瞞, 조조의 아명)아, 내가 너를 돕지 않았다면 이 성문을 가히 들어설 수가 있었겠느냐?"

조조는 이 말에 그저 소리 높여 웃는다. 그러나 조조의 수하들에게는 울화통이 터지는 광경이다. 한나라 승상의 아명을 부르는 데 심기가 상하지 않을 신하들은 없다.

그러나 허유의 방자한 태도는 누그러들지 않는다. 소설에 따르면, 허유가 마주 오던 허저를 보며 또 제 공치사를 한다.

"내가 아니었으면 너희가 어찌 이 문을 드나들 수 있겠느냐?"

이 말에 두 사람은 말다툼을 벌이고, 천하장사인 허저는 단칼에 허유의 목을 베어 버린다.

조직에선 친구가 없다. 어린 시절 친구라도 계급이 정해지면 그에 맞게 처신해야 한다. 그래서 조직에선 친구 모시기가 나이 어린 주인 모시기보다 어려운 법이다. 지위가 높아진 친구는 더 이상 친구로 생각해선 안 된다. 그는 상사일 뿐이다.

또 어리석은 자가 교만하면 비웃음을 사지만, 능력 있는 자가 교만하면 위태로워진다. 공자도 "세상을 바꿀 능력이 있는 사람이라도 교만하거나 인색하면 아무것도 이룰 수 없다"고 하였다.

아무리 똘똘하여 사소한 탐욕을 제 딴에 감쪽같이 채웠다 하더라도 비리는 언젠가 들통난다. 능력 있는 자가 탐욕스러운 데다 교만하기까지 하면 목숨을 부지하기 어려운 법이다.

마속
馬謖

읍참마속(泣斬馬謖)의 주인공

마속(馬謖, 190~228)

- **자**   유상(幼常)
- **소속**   촉한, 유비
- **출신**   양양군 의성현(襄陽郡 宜城縣)
- **출사**   촉한으로 들어갈 당시 형주종사(荊州從事)였으며,

            면죽령(綿竹令)과 성도령(成都令), 수태수(崀太守)에 오른다.
- **사망**   제갈량의 1차 북벌 당시 가정전투에서 패배하고 처형당한다. 당시 나이 39세.

攻心爲上 攻城爲下
무릇 마음을 공격하는 것이 상책이고
성을 공격하는 것은 하책이다

'읍참마속'(泣斬馬謖)의 고사를 남긴 마속은 역사에서도 대표적인 반면교사로 남은 인물이다. 《삼국지》에서 그의 '분량'은 많지 않다. 그러나 제갈량의 남만정벌 당시 '칠종칠금'(七縱七擒)과 관련해 올린 제언과 읍참마속의 고사 등을 남기면서 그의 존재감만은 분명하다.

마속은 적벽대전 이후 유비가 제갈량의 도움으로 형주와 양양 지역을 차지하고 들어앉은 후 뽑았던 뉴페이스 인재 중 한 사람이었다. 당시 유비 휘하로 몰려든 인재 중엔 양양 지역의 재간둥이 형제로 꼽히는 마(馬)씨 5형제가 있었다.

이들 형제 중 가장 유명한 사람은 맏형인 마량(馬良)이었다. 그는 오늘날까지도 가장 뛰어난 것을 비유하는 표현인 '백미'(白眉)의 주인공이다. 마씨 형제를 추천한 자가 말하기를 눈썹에 흰 터럭이 나 있어 백미라고 불리는 마량이 형제 중에서 가장 재주가 뛰어나다고 하였고, 여기에서 백미의 고사가 나온 것이다.

마량은 유비 진영에서도 관우의 군사로 활동했던 것으로 보인다. 소설에선 관우가 패배한 후 도움을 요청하기 위해 백방으로 뛰는 마량의 모습이 그려진다. 그러나 관우의 패전 당시에 죽었는지 아니면 오촉전쟁으로 죽었는지 정확한 기록은 남기지 않은 채, 그는 일찌감치 전쟁터에서 생을 마감한다.

제갈량과 마량·마속 형제의 우정은 친형제 이상이었다고 할 만큼 각별했다. 마량의 죽음을 안타까워한 제갈량이 이후 마속과 사사로운 대화를 나눌 정도로 그를 아낀 것은 유명하다. 마속 역시 병법에 밝아 제갈량의 의논상대가 될 수 있었다고 알려져 있다.

그럼에도 그는 가정전투의 실패 한 번으로 제갈량에 의해 처형당한다. 도대체 그는 어떻게 자기 자신을 위기로 몰고 간 것일까.

《삼국지》에는 제갈량이 마속을 처형한 후 목 놓아 울며 그치지 않는 장면이 나온다. 이에 마속의 처형을 말렸던 장완(蔣琬)이 제갈량에게 스스로 참해 놓고 우는 이유를 묻는다. 그러자 제갈량은 이렇게 대답한다.

"마속 때문이 아니라 지난날 선제의 말씀이 기억나서 그러오. 선

자기를 망치는 기술

제께서 백제성에서 유명을 달리하시기 전에 내게 '마속은 말이 실제를 넘어서니 크게 쓰지 말라'고 당부하셨는데, 내 그 일을 잊고 급한 마음에 어리석은 일을 저질렀으니 어찌 슬프지 않으리오. 선제의 영명하신 선견지명을 오늘에야 깨달으니 애통할 뿐이오."

마속이 위기에 몰린 이유를 알 수 있는 실마리는 바로 유비의 말에 있다고 생각한다. 마속은 그야말로 '검색'해 보면 다 나오는 잡다한 백과사전식 지식을 머리에 잔뜩 담아 놓고선 자신이 꽤나 총명하다고 믿어 의심치 않는 부류의 '잡학다식'(雜學多識)형 지식인이었던 것으로 보인다.

한데 몸으로 익히지 않고 책으로 배운 지식은 실천적 상황이 벌어지면 무용지물이거나 오히려 자신을 위협하는 경우가 많다. 그래서 '걸어 다니는 백과사전'이라는 평을 듣는 똑똑한 사람이 정작 실전에선 무능하고 써먹을 데라고는 없이 허황한 경우가 많다. 마속이 이런 허황한 부류의 인간이라고 보는 이유는 이렇다.

먼저 그가 꽤 똑똑한 병법의 전문가처럼 나오는 일화가 바로 남만정벌을 나선 제갈량이 칠종칠금 전략의 힌트를 마속의 제언으로 얻는 장면이다. 남만평정의 지략을 묻는 제갈량의 질문에 마속은

"앞에서는 누르고 뒤에서 배반하는 전쟁을 피해야 한다"며 이렇게 제언한다.

"무릇 마음을 공략하는 것이 상책이고 성을 공략하는 것은 하책이며, 심전이 상책이고 병전이 하책입니다(攻心爲上 攻城爲下 心戰爲上 兵戰爲下)."

이에 제갈량은 "그대가 내 폐부를 꿰뚫어 보는구려" 하며 기뻐한다.

이 말은 이후에도 마속의 꽤 빛나는 명언으로 남아 있다. 그러나 이는 병법(兵法)을 공부한 이라면 누구나 할 수 있는 말이다. 한 예로 《손자병법》 '모공(謀攻)편'이 바로 이 이야기다. 싸우지 않고 이기는 법을 설파한 모공편에선 최상의 전법으로 심리전을 제안한다. 그리고 병사를 써서 전쟁하는 것은 하책이라고 논한다. 마속으로서는 특별히 지략이 높아서가 아니라 평소 병법에 밝았기에 얼마든지 할 수 있었던 말이라는 거다.

병법에 밝고 똑똑하기 이를 데 없어 칭송이 자자한 기재들 중 전쟁을 망친 명청이는 의외로 많다. 중국 고사에서 이런 부류의 대표주자로는 '탁상공론'(卓上空論) 고사의 주인공인 조(趙)나라 장군 조괄(趙括)을 꼽을 수 있다. 조괄은 조나라 명장이자 전국시대 4대

명장으로 손꼽히는 조사(趙奢)의 아들로 평소 병법에 관해서는 아버지 조사가 당해 내지 못했다고 전해질 만큼 박식했다.

조나라는 진(秦)나라와 더불어 전국시대의 양강세력을 구축했던 나라로 염파·조사 등 당대의 유명한 장군들을 보유한 강국이었다. 그랬던 조나라가 장평(長平)전투의 패배로 45만 병력이 진나라에 의해 생매장당하며 결딴난 후 급속도로 위축된다. 그런데 바로 그 장평전투를 이끈 이가 조괄이었다.

그의 등장은 조나라 효성왕(孝成王)의 허접한 리더십이 빚은 참사지만, 어쨌든 조괄은 이론가로서의 명석함 때문에 왕과 백성 모두 열렬히 추대해 올린 인물이었다. 물론 그의 허황함을 알아본 이들도 있었다. 전국시대의 명재상 인상여(藺相如)가 반대했고, 또 한 사람, 그의 어머니가 결사반대했다.

어머니가 반대한 이유는 조괄의 아버지 조사가 생전에 "전쟁은 참혹한 것인데 아들은 이를 마치 장난처럼 가벼이 말하니 전쟁에 나갔다가는 나라를 망치기 십상이다. 혹시라도 왕이 그를 중용하려 하거든 말려야 한다"고 했다는 것이었다.

하나 시대를 막론하고 말 잘하며 이론에만 박식한 이들은 세 치 혀로 사람의 눈을 가리는 재주를 타고난 터라 이로써 명성을 얻는다. 그리고 나라가 망하거나 전쟁을 망칠 단계가 되면 이런 이들이 늘 중용된다.

마속도 그런 흔한 유명 스타급 이론가로서의 허명으로 무장한 허황한 지식인이었던 것으로 보인다.

마속의 허황함을 제갈량이 몰랐던 것으로 생각되지는 않는다. 이미 유비가 말이 실제보다 앞선 그의 본모습을 알았고, 이를 제갈량에게 알려 주기도 했다. 또 마속을 가정(街亭)으로 보낸 후 취했던 조치를 보면, 제갈량 역시 그의 허황함을 충분히 간파하긴 했던 것 같다.

1차 북벌 당시 위군을 압박하자 사마의가 출정하고, 이 사실을 전해 들은 제갈량은 가장 먼저 가정(街亭)을 걱정한다. 이때 가정을 지키겠다고 나선 것이 마속이다.

제갈량은 마속을 보내면서 신신당부를 하고도 불안감에 휩싸인다. 그래서 가정 동북쪽 산골짜기에 있는 열류성(列柳城)으로 장수 고상(高翔)을 보낸다. 그러고도 안심을 할 수 없어 촉군의 맹장인 위연(魏延)까지 가정의 배후지역에 주둔토록 한다.

가정은 말 그대로 산골짜기에 있는 길목이다. 제갈량은 마속을 보내 놓고는 이 길 하나를 지키자고 위연까지 빼냈다. 그 정도로 마속에 대한 믿음이 크지 못했던 것이다.

　가정에서 보여 준 마속의 행태는 먹물만 든 '똑똑한 멍청이'들이 일을 얼마나 그르칠 수 있는지를 여실히 보여 준다.

　그의 부장 왕평(王平)이 길목에 군영을 세워야 한다고 제안하자 마속은 이를 거절한다. 왕평은 글을 읽을 줄 모르는 무식한 무인이었지만 야전에서 잔뼈가 굵은 백전노장이었다. 실전에선 왕평의 대비책이 옳았다. 그러나 마속은 병법을 내세워 왕평의 기를 죽이고, 결국 산 위에 기어 올라가 군영을 세운다. 왕평이 자신들의 임무는 길목을 지키는 것이라고 아무리 주장해도 마속은 꿈쩍도 않고 병법을 들먹인다.

　"병법에 이르기를 높은 곳에 의지해 아래를 보면 그 형세가 마치 대나무를 쪼개는 것과 같다고 했다"는 둥의 흰소리를 하며 끝내 산으로 올라가 버려 스스로 퇴로도 없는 곳에 고립돼 버린 것이다.

　가정에서의 패전 후, 제갈량 역시 마속을 잘못 기용한 용병의 책임을 지고, 승상 자리에서 사직하고 스스로 세 계급 강등을 청하는 표를 황제에게 올린다.

원래 세상 물정 제대로 모르고 책만 외우곤 안다고 믿는 똑똑한 자들과 입씨름하는 것이 10만 대군을 맞아 싸우는 것보다 더 어려운 일이다. 실제로 학교 성적 좋고, 공부 잘하고, 좋은 대학 나온 사람 중에서 실전에 무능한 사람을 찾는 건 쉽다. 반면 온갖 지식을 줄줄 외는 사람 중에 생각이 깊고 문제해결 능력까지 갖춘 사람을 찾는 건 쉽지 않다. 지식인들의 반(反)지성이야말로 단순한 세상을 복잡하게 만들고, 평온해도 될 정국에 분란을 일으킨다.

책을 읽고 공부하는 것은 중요한 자질이다. 그러나 책으로 배우는 지식은 결코 길이요 진리요 생명이 아니다. 책은 죽은 사람의 지식이다. 그가 어찌 변화하는 현재를 알겠는가.

또 하나 마속 스스로를 죽음으로 몰고 간 잘못된 처세는 직속상관인 제갈량의 냉정한 판단력이 애정으로 인해 흐려질 정도로 그와 지나치게 가까웠다는 점이다.

원래 조직에서 비리와 부패의 연대는 함께 흥하고 함께 망하는 경우가 많다. 하지만 청렴한 상관과 운명을 함께하는 부하는 스스로 위험해질 수 있다. 청렴한 자들은 늘 자신이 청렴함을 증명하기 위해 가장 가까운 아랫사람을 해할 가능성이 크기 때문이다.

청렴무능한 상관은 공평무사함을 증명하기 위해 자신과 가까운 신하에게 돌아가야 할 이익을 다른 사람에게 돌리기 일쑤이고, 무능하거나 사악한 자들을 끌어올려 조직을 위기에 빠트리기도 한다. 또, 청렴유능한 상관은 자신의 청렴성과 공평함을 증명하기 위해 가장 아끼는 부하를 잡아먹는 법이다. 청렴한 상관의 부하로 산다는 것은 고단하기 짝이 없다. 청렴한 상관들과는 너무 멀지도 너무 가깝지도 않은 거리를 유지해야 한다.

마속은 제갈량처럼 청렴유능한 상관에겐 줄을 대선 안 된다는 것을 간과하는 바람에 목숨까지 잃게 된 것인지도 모른다.

양의
楊儀

실무능력이 뛰어난 '소인배'의 말로(末路)

양의(楊儀, ?~235)

- **자**   위공(威公)
- **소속**   촉한
- **출신**   양양군(襄陽郡)
- **출사**   양양태수 관우의 공조로 출사했다가 유비가 초빙하여
  촉한까지 쫓아가 관료생활을 한다.
  이후 제갈량의 남정과 북벌에서 군수를 조달하는 역할을 수행한다.
- **사망**   한가군(漢嘉郡)의 유배지에서 자결한다.

북벌에서 세운 공로가 적지 않은데
어찌 이리 박대하는가?

《삼국지연의》에 양의가 빈번하고 비중 있게 등장하는 것은 제갈량의 '북벌'이 시작되면서다. 그는 제갈량을 따라 종군하면서 군중의 군수품과 군량의 조달 등을 도맡고, 제갈량도 그에게 자주 의견을 묻는 등 그의 실무능력을 인정한다.

촉서의 '양의전'에 따르면, 제갈량이 여러 번 출병할 때마다 늘 양의가 계획을 짜서 부대를 편성하고 군량미를 계산했는데, 고민할 것도 없이 짧은 시간에 일을 처리했다고 기록한다. 그리고 제갈량은 양의의 재능을 매우 아꼈다는 것이다.

또 제갈량이 북벌 중 오장원에서 세상을 떠나기 전에 퇴각을 총지휘하는 역할을 맡긴 사람도 양의였다. 제갈량의 명을 받들어 양의는 군사를 모두 이끌고 한중으로 퇴각한다.

이 과정에서 양의는 상장군 위연과 대립한다. 위연이 철군 결정에 반발하면서 양측이 격돌한 것이다. 양의와 위연은 원래부터 물과 기름처럼 섞이지 못하고 사이가 좋지 않아, 제갈량은 생전부터 둘을 다루는 데에 애를 먹었다. 그러나 북벌을 위해선 양의의 실무 능력과 위연의 용력이 모두 필요했기에, 제갈량은 둘 사이를 중재하며 끌고 갔던 것이다.

그러나 제갈량이 죽고 없자 이 두 사람은 브레이크도 없이 달려 나가 맞부딪친다. 결국 위연을 죽인 양의는 제갈량의 영구를 모시고 성도로 돌아온다.

이후 제갈량의 부재에 따라 조정의 인사가 개편된다. 그런데 공명의 유언에 따라 장완은 승상, 비의(費褘)는 상서령이 되는 등 승진하지만 양의는 예전 관직에 그대로 남는다. 양의는 억울하다. 사투를 벌이며 전선에서 군사를 모두 안전하게 철수시켜 돌아온 자신의 공로가 큰데 보상받지 못한 억울함이 쌓인다.

더욱이, 양양 출신인 그가 형주에서 벼슬을 할 때는 장완보다 먼저 관료생활을 시작하여 급수도 더 높았었다. 그런데 이제 장완이 승상이 되니 불만이 생기는 것이다.

이에 만나는 사람마다 붙들고 불평하기를, "벼슬을 지낸 햇수로 보아 내가 장완보다 먼저인데 어찌 그 밑에 있으며, 북벌에서 세운 공로가 적지 않은데 어찌 이리 박대하는가?" 하니 모든 사람이 양의를 꺼리게 된다.

제갈량 사후 함께 한중으로 철군했던 동료 비의는 그를 찾아가 위로한다. 그런데 양의는 "승상이 돌아가셨을 때, 차라리 모든 군사를 이끌고 위에 투항했다면 내 지금처럼 적막했겠는가?" 하고 말한다.

깜짝 놀란 비의가 은밀히 표를 올려 황제 유선에게 고하니, 황제는 격노하여 양의의 벼슬을 거두고 유배에 처한다. 그래도 양의는 유배지에서 불평을 하고, 이에 황제가 잡아들이라는 명을 내리자 스스로 목을 찔러 자결한다.

여기까지가 양의의 스토리다. 그는 실무능력이 뛰어났고, 실제로 제갈량의 고된 북벌에 종군하면서 궂은일을 도맡아 했다. 그래서 그는 조정 백관들 중 자신의 공로가 가장 크다고 자부심을 가졌다. 그런데 자신은 승진에서 누락되고 자기보다 직위가 낮았던 장완이 도리어 승상에 오르자 분노하여 사방에 대고 불평을 한다.

자신의 공로보다 보상이 적다고 불평하다 목숨까지 잃은 사람은 양의만 있는 게 아니다. 양의를 비롯해 위연과 팽양(彭羕) 등도 마찬가지였다.

이런 사례는 어느 조직에서나 볼 수 있는 일상적인 일이다. 자신의 공로와 능력에 합당한 보상을 받지 못했다고 느낀 사람이 분개하고 불평하다 더욱 불이익을 당하는 일은 흔하다. 이런 사람들은 늘 비분강개하고, 본인에겐 평생이 분하다.

그러나 문제는 그의 분노에 아무도 동참하지 않는다는 것이다. 오히려 다른 이들은 이런 상황에서 이렇게 행동하는 그 사람을 지긋지긋해하며 모두 떠나간다. 이런 사람들의 경우, 스스로 생각하는 부풀려진 자신과 객관적인 자신의 현주소 간에 격차가 크다. 양의도 똑같은 길을 걸었다. 그건 그가 조직생활을 제대로 이해하지 못했기 때문이다.

먼저 실무능력과 리더십은 다르다. 특정한 분야에 탁월한 재능을 보이는 사람이 있다. 그에게 일을 맡기면 안심해도 된다. 양의는 군수물자와 식량을 조달하고 적절하게 배분하는 데 탁월한 능력을 가지고 있었다. 제갈량도 이를 인정했기에 위연과 빚어내는 갈등에도 불구하고 양의를 썼다.

그러나 제갈량은 죽으면서 자신의 뒤를 이을 후계자로는 장완과 비의를 추천한다. 양의를 추천한 것이 아니다. 양의의 쓰임새는 바로 그의 실무능력에 있었지 조직 전체를 총괄하고, 조정을 이끌어나가는 일은 아니었다.

자기를 망치는 기술

실무능력이란 한 분야에 특화된 능력이다. 타고났을 수도 있고, 오랜 세월 동안 그 일에 숙련됨으로써 탁월해졌을 수도 있다. 일을 수월하게 하는 능력, 숙련된 기술과 같은 것이다. 그 분야 하나 잘한다고 다른 일도 잘한다는 보장은 없다.

양의는 자신이 북벌에서의 공로가 있으므로 벼슬도 높아져야 한다고 생각한다. 자만심과 욕심이 능력을 앞지른 것이다. 이렇게 높은 자리가 공로에 대한 보상이라고 착각하는 사람들은 여전히 많다. 그러나 조직에서의 직위란 공로에 대한 보상으로서가 아니라 향후 그 조직을 이끌고 나갈 비전을 보여 주는 사람에게 주어지는 것이다. 공로가 많아도 높은 자리에 앉고 싶다면 그 자리에 걸맞은 비전과 능력을 보여 줘야 한다.

둘째, 조직 내에서 은원(恩怨)관계를 드러내 놓고 갈등을 빚는 사람은 높이 올라가기 힘들다.

이런 사람들은 주변에 그의 인성에 대한 불안감을 심는다. 대표적으로 양의는 위연과 갈등하였다. 어느 조직에서나 갈등을 빚는 사람들이 있다. 인간관계에 갈등이 없을 수 없다. 문제는 그 갈등을 어떻게 관리하는가이다. 그는 위연에 대한 혐오감을 드러냈고, 갈등을 표출했고, 이 때문에 제갈량까지 고민하게 했다. 그리고 끝내는 위연의 식솔까지 모두 도륙을 냈을 정도로 깊은 증오심을 표현했다.

인간관계에서 불화가 없을 수는 없다. 게다가 조직생활에선 꼴 보기 싫은 인간을 매일 봐야 하는 고충이 거의 성불(成佛)에 이르는 고행 수준일 때도 있다. 그러나 자신에게 기회가 왔다고 보기도 싫은 적부터 베어 내는 것은 조직을 해치는 소인배(小人輩)들의 전형적 특징이다.

위연은 용맹과 위력이 대단한 무장이었다. 그를 잃는 것은 촉한의 큰 손실이었다. 그럼에도 권력을 잡은 양의는 본보기 삼아 곧바로 그를 제거해 버린다. 조직의 이익보다 자신의 은원을 푸는 것에 앞장서는 소인배야 지천이다. 하지만 이런 자들이 높은 자리에 올라가는 조직은 늘 위태롭고, 망하는 날조차 멀지 않다고 볼 수 있다. 그런 그를 높이 기용하지 않은 촉한은 그나마 희망이 있는 조직이었던 것이다.

셋째, 수고에 대해서 보상받아야 한다는 기대감은 잘못이다.

조직생활을 하는 사람이라면 누구나 녹봉(祿俸)을 받으며 일한다. 일의 양과 질은 같지 않다. 어떤 사람은 좀더 편하게 일하며 녹봉을 받을 것이고, 누군가는 고생고생하며 녹봉을 받을 수도 있다.

자기를 망치는 기술

그러나 한 달치 고생은 한 달치 임금 안에 모두 포함돼 있다고
보아야 인생의 고민이 적어진다. 그 수고를 하지 않았으면 월급을
받지 못했을 테니까. 그런데 고생을 모두 합산해 가며 언젠가는 그
만큼 높은 자리로 보상받아야 한다고 기대감을 키운다면 조만간
그 기대가 무너지고, 기대가 무너진 만큼 인성도 황폐화될 것이다.

조직인으로서의 삶이 인생의 전부가 아니다. 그러므로 관리해야
할 것은 '나의 인생'이다. 조직에서 월급 받으며 한 지나간 고생을
조직에 대해 빚을 준 것이라고 생각하는 한, 자신은 인생으로부터
배신당할 것이다. 조직의 보상과 자신의 고생에 '쿨'해질수록 인생
은 훨씬 살 만해진다.

넷째, 그에 대한 평판도 좋지 않았다. 제갈량이 죽고 촉군을 물
러 한중으로 돌아오며 위연과 양의는 갈등을 빚고 서로 상대방이
반란을 일으켰다고 성도에 표문을 올린다. 이때 조정에서 이 문제
를 두고 의론하는 과정에서 장완은 "양의가 성품은 급하고 포용력
은 없으나…" 하고 말한다. 후에 동오의 손권도 "위연과 양의는 모
두 소인배"라고 평한다. 이러한 이야기를 보면 당시 양의의 평판이
어떠했는지 알 수 있다.

굳이 다른 이들의 진술이 아니더라도 승진에서 누락된 후 직접

보여 준 행태, 즉 조직을 원망하고 불평하면서 투항하지 못해 한이라는 식의 발언을 함부로 내뱉는 행동으로만 보더라도 그는 소인배임이 분명하다.

조직 내 경쟁에서 살아남기 위해, 또 이기기 위해 누구나 노력한다. 상대가 있는 만큼 질 수 있는 게 조직에서의 경쟁이다. 제 맘대로 되지 않아서 저주한다고 그 조직이 잘못되지는 않는다. 오히려 잘못되는 것은 자신이다. 조직에서 신하로 일하는 사람들은 언제든 실패할 수 있고, 질 수 있고, 물러나야 할 때도 있다는 점을 새겨두어야 한다. 그래야 자기 인생이 지저분해지지 않는다.

진수는 "양의는 실무처리 능력이 뛰어났지만, 그의 거동을 보고 언행이 예법에 부합되는지 아닌지 살펴보면 재앙을 부르고 허물을 취한 원인이 자신에게서 나오지 않은 경우가 없다"고 기술했다.

신하의 삶은 자기수양의 과정이다. 스스로 생각하는 자신의 수고와 공로에 대한 평가에 비해 조직의 평가는 훨씬 박하다는 사실을 쿨하게 받아들이는 일도 그런 수양 중의 하나다. 그리고 무엇보다 자신을 냉정하게 보고 평가할 줄 알아야 한다. 자신에 대한 과다한 환상과 자만심은 조직생활뿐 아니라 자연인으로서의 자신의 인생마저 망가뜨릴 수 있다.

5

주군보다 빛난 유아독존惟我獨尊형

여포
주유
관우

조직에서 신하의 자리에 있지만 신하 같지 않은 독립적이고 독창적인 존재들이 있다. 창업자는 아니만 파트너십 관계를 유지하는 창업공신, 또는 울트라 S급 인재로 영입된 인사들이다. 《삼국지》에서도 특히 존재감이 큰 인물로는 여포, 관우, 주유를 꼽을 수 있겠다.

여포
呂布

재능과 인품의 엇박자로 추락한 '본투비 슈퍼스타'

여포 (呂布, ?~198)

- **자** 봉선(奉先)
- **소속** 후한 말의 무장
- **출신** 오원군 구원현(五原郡 九原縣, 오늘날의 네이멍구자치구 주위안구)
- **출사** 후한 말의 장수로 병주자사 정원의 가신으로 출발한다.
  동탁 휘하에 든 후 승승장구해 분위장군(奮威將軍), 온후(溫侯)에 책봉된다.
- **사망** 조조의 공격을 받아 하비성에서 3개월 동안 농성전(籠城戰)을 벌인 끝에
  부하들의 배신으로 사로잡혀 처형된다.

> 66
>
> 人中呂布 馬中赤兎
> **사람 중에서는 여포**
> **말 중에서는 적토가 으뜸이다**
>
> 99

'하늘은 한 사람에게 모든 걸 주지 않는다'는 말을 온몸으로 증명해 준 인물이 여포다.

    후한 말기는 뛰어난 인재가 한꺼번에 쏟아져 나왔던, 중국 역사는 물론이거니와 인류사적으로도 보기 드문 시기였다. 한데 그 중에서도 여포는 슈퍼스타 중의 슈퍼스타였다. 나관중의 소설 《삼국지연의》에서 유비와 조조가 등장하기 전의 후한 말을 다룬 부분의 실제 주인공은 여포였다.

    우선 무용(武勇)으로는 여포의 명성을 따를 사람이 없었다. 당대에 그는 '비장'(飛將)으로 불렸다. 그의 마술(馬術)이 지구의 중력을 느낄 수 없을 정도로 날래고 가벼워 마치 날아다니는 것 같다 하여 붙여진 이름이다. 여포 이전에 비장의 명칭을 얻었던 이는 전한(前漢)시대에 흉노족을 물리친 공로로 이름을 떨친 무장 이광(李廣) 정도였다.

당시에도 이후에도 무용이 뛰어난 무장은 '여포 같다'고 비교하는 것이 최고의 칭찬이었을 만큼 그의 무장으로서의 재능은 비교를 불허하는 '울트라 슈퍼 S급'으로 꼽혔다.

유추해 보건대 그의 특장기 무술은 궁술(弓術)이었던 듯싶다. 그가 원술의 장수 기령(紀靈)의 부대로부터 유비를 구해 주기 위해 원문 밖에 세워 둔 극(戟)에 달린 술을 맞추는 장면이 여러 기록에서 묘사된다.

한편 《삼국지연의》에서는 그가 방천화극(方天畫戟)을 휘두르면 아무도 당해 낼 자가 없는 걸로 그려진다. 방천화극은 창과 검이 합쳐져 있어, 걸고 당기고 찌르고 베는 걸 한꺼번에 할 수 있는 형태의 무기다. 다른 장수들이 검이면 검, 창이면 창에 특기를 가진 데 비해, 여포는 창과 검이 합쳐진 화려한 무기로 종횡무진 사람을 베고 찌르는 신기(神技)를 보였다는 것이다.

한데 나는 그의 진짜 재능이 '스타성'이라고 생각한다. 실제로 스타성은 다른 모든 재능을 압도하는 강력한 파워다. 요즘의 한류 스타들을 떠올려 봐도 그렇다. 스타성이 강한 인물이 일단 무대 위에 오르게 되면, 그는 부와 명예를 단번에 거머쥔다. 실제로 공부를

주군보다 빛난 유아독존형

잘한다든지 성찰의 깊이가 깊다든지 하는 세속적이거나 인간적인 재능은 별로 중요치 않다. 스타성 있는 인물은 그저 그를 중심으로 저절로 신화가 창조된다.

여포가 남다른 스타성으로 우뚝 솟아오른 인물이 아닐까 판단할 만한 이유는 이렇다.

첫째, 그의 외모 경쟁력은 당대 최고였던 걸로 보인다.

훗날 조조가 자신이 제거했던 정적 서량태수 마등의 아들 마초가 쳐들어온 모습을 보니 얼굴은 백옥처럼 희고 입술은 연지를 바른 듯 붉은 데다 허리는 가늘고 어깨는 떡 벌어진 미남자였다. 조조가 그 모습에 감탄하며 내놓은 말이 "여포도 울고 가겠다"는 거였다.

여포는 차림새에서도 남달랐다. 나관중의 《삼국지연의》는 인물 묘사가 요란하지 않다. '어느 지역 누구의 아들 누구'라는 식이어서 때론 구약성서의 《창세기》를 읽는 느낌도 든다. 여기에 몇몇 예외가 있는데, 그 중 한 명이 여포다. 특히 여포의 옷차림에 대한 묘사는 정교하기 이를 데 없다.

예를 들면 이런 식이다. '십상시의 난' 당시 낙양으로 들어온 서량의 동탁이 '황제를 인질로 삼아 제후를 호령한다'는 전략으로 무력을 행사하려 들 당시, 이에 반기를 들었던 인물이 병주자사(幷州刺史) 정원(丁原)이다. 당시 정원은 양자였던 여포를 데리고 동탁에 맞서 전투에 나선다. 말하자면 이 싸움의 주인공은 동탁과 정원이다. 한데 두 사람이 각자 어떤 옷을 입고 나왔는지는 전혀 알 수 없다. 아무도 기록하지 않았기 때문이다. 한데 나관중은 여포의 옷차림만은 상세히 묘사한다.

"묶은 머리에 금관을 쓰고, 백화전포와 당예갑옷을 입고, 허리에는 사자를 새긴 보석을 박은 띠를 두르고…."

이후에도 여포의 차림새는 여기저기에서 묘사된다. 당대의 트렌드 세터이자 꽃미남 스타였던 걸로 보인다.

둘째, 그의 유명한 무기 '방천화극'.

실제로 이런 종류의 무기는 송나라 이후에나 등장한다고 여러 역사 해설서에서 이야기한다. 그러니 여포의 무기가 방천화극일 리가 없다는 주장이 제기된다.

그렇다면 나관중은 왜 여포에게 방천화극을 쥐어 준 것일까. 검과 창이 합쳐져 있으니 이론대로 하자면 찌르기와 베기가 한꺼번에 된다는 점에서 천하유일의 비장에겐 어울리는 무기다.

하지만 이 무기가 실전에서 쓰였다고 보는 사람은 별로 없다. 무

주군보다 빛난 유아독존형

기로선 거추장스럽기 때문이다. 그럼에도 불구하고 방천화극은 무기 중에 가장 아름답다. 그래서 손잡이에 색칠을 하고 술을 달아 의장용으로 사용하였다는 기록이 있다. 어쩌면 나관중은 가장 아름다운 무기야말로 가장 아름다운 사람, 바로 여포에게 어울린다고 상상했던 건 아닐까.

셋째, 여포는 '아비가 셋'이라는 비아냥을 들었다.

한 명은 자신을 낳아 준 친부다. 그의 아비들 중 가장 존재감이 없고, 누구인지 알려져 있지도 않다.

둘째 아비는 병주자사 정원이다. 진수의 《삼국지》에 따르면 여포는 정원의 가신으로 총애를 받았다고 한다. 그러나 정원은 동탁에 맞서다 동탁에게 매수된 아들 여포에게 죽임을 당한다.

셋째 아비는 서량의 승냥이 동탁이다. 그는 '십상시의 난'을 계기로 황제의 도읍을 접수하고, 황제를 인질로 삼아 2년여간 공포정치를 펼친 끝에 후한 말을 초토화시키는 데 결정적으로 앞장선 인물이다. 동탁은 천하무적 여포를 이용해 걸림돌이었던 정원을 없애고 여포를 양아들로 삼는다. 그리고 그 역시 여포의 손에 죽는다.

여포는 일생 별다른 철학도 없이 배신에 이골이 난, 시쳇말로 하자면 '배신 캐릭터의 끝판왕' 격이었다. 그럼에도 불구하고 권력자들은 그를 보기만 하면 아들로 삼자고 달려들었다. 아무리 뛰어난 무장이라도 권력자들이 선뜻 아들로 삼지는 않는다. 그가 가진 '마성의 매력'과 '스타성'이 권력자들의 이목과 마음을 사로잡았던 것인지도 모른다.

상상력을 넓혀 '19금'으로 가 보자면, 어쩌면 그는 남성에게 성적으로 어필하는 매력의 소유자였는지도 모른다. 실제로《여류 삼국지》를 쓸 때 그가 양아버지 정원을 단칼에 베는 모습을 그리면서, 단지 그가 동탁의 제안에 솔깃한 영혼 없는 캐릭터였다기보다는 양자라는 명목으로 성적인 학대를 당했던 인물이 아니었을까 하는 상상을 해 보기도 했다.

지나친 비약일 수 있다. 너무도 대단한 재능과 매력에 비해 기가 찬 수준의 지적 능력과 결핍된 도덕성을 두고 뭔가 그럴듯한 이유를 찾기 위해 여기까지 상상해 봤다는 얘기다.

어쨌든 이 슈퍼스타 여포는 지성과 인성, 즉 생각하는 능력을 타고나지 못했다. 실제로 재능은 뛰어나지만 인성은 결핍된 인재는 요즘도 심심찮게 나타나 심란하게 하는 캐릭터이긴 하다.《삼국지》에 등장하는 장수들 중에서도 생각하는 지성이 결핍된 인물이 많다. 조조의 호위장수였던 전위(典韋)나 허저 등이 생각이 있었다고 볼 수는 없다. 장비 역시 지성은 한참 떨어진다. 관우를 보면, '하…' 가슴이 답답해 온다.

물론 한편으로는 싸움의 기술에 능한 장수들로서 깊은 사고를 하는 능력은 오히려 짐이 될 수 있다. 전략은 책사가 세우고 장수는 싸움을 수행해야 한다는 점에서 단순함이 미덕일 수 있다. 인권을 고민하며 전쟁터에서 적을 벨 수는 없는 일이니 말이다.

그런 점에서 조조를 섬겼던 전위나 허저는 우직하고 좋은 부하로 이름이 남았다. 이들은 남의 밑에 있을 때 오히려 믿음직한 것이다. 하지만 이런 이들이 리더가 되면 조직에 큰일이 일어난다. 그리고 조직도 자신도 망치게 된다. 장비도 결국 부하의 손에 목을 베이었고, 관우 역시 부하들의 배신으로 처절한 최후를 맞았다.

여포의 불행의 씨앗은 그가 슈퍼스타로 태어났다는 점이었는지도 모른다. 권력자들이 보기만 하면 아들로 삼고 싶어 안달하고, 화려하게 치장을 해도 치장물보다 사람이 더욱 빛나는 미모에다 무장으로서의 실력 또한 출중해 '인중여포 마중적토'라는 칭송까지 받는 인물.

재능도 출중한데 남들도 대단하다고 칭송해 주면 스스로도 자신이 대단하다는 걸 알게 된다. 그리하여 자만심은 시쳇말로 '자뻑 대마왕'급인데 생각하는 능력은 없다. 이런 경우 대개 몰락의 길을 가게 된다. 생각 모자란 슈퍼스타의 몰락은 어느 시대, 어느 사회에서나 흔히 일어나는 일이다.

그들이 몰락하는 수순은 대략 비슷하다. 처음엔 남의 말에 이리 저리 휘둘리다 스텝이 꼬이고, 일생 드높은 명성을 누리며 나이가 들면 고집이 생겨 믿을 구석이 없는 자신의 판단대로 밀고 나가다 종말을 맞는다. 생각하는 능력, 판단력이 없으면 자존감이 낮고, 대신 자기보호 본능과 이기심 같은 동물적 본능은 극대화된다.

한데 인간은 생각하는 동물인지라 인간 사회에서 본능대로 움직이다간 늘 사달이 난다. 사회에서는 극단적으로 이기적이고 동물적 본능에 충실한 인간을 위험분자로 보고 제거하려는 사회적 본능이 작용하기 때문이다. 이 때문에 여포 같은 슈퍼스타는 자기를 패망의 구렁텅이로 빠뜨리게 되는 것이다.

여포는 이기적 본능대로 움직였다. 동탁이 적토마(赤兔馬)와 금은보화를 보내 매수하자 양아버지인 정원을 냉큼 베고, 왕윤의 미인계와 연환계에도 곧바로 포섭돼 양아버지 동탁을 또 벤다. 생각

주군보다 빛난 유아독존형

도 없고, 마음의 중심도 없고, 자존감마저 없다는 걸 그대로 드러내는 대목이다.

머리가 좀 돌아가는 사람들은 여포 같은 사람을 어떻게 이용해야 할지 잘 알고 있다. 그래서 자기중심이 없는 사람은 남에게 이용만 당하다 인생이 꼬인다.

여포는 심성이 악하지는 않았던 것 같다. 조조와 필생의 악연을 맺었던 진궁의 말을 빌려도 그렇다. 진궁은 여포의 모사로 종사하다 조조에게 잡혀 마지막 순간을 여포와 함께한다. 진궁을 잡은 후 조조는 "너는 내가 바르지 못했다고 가 버렸는데 어째서 여포 같은 자를 섬겼느냐"고 묻는다. 이에 진궁은 이렇게 대답한다.

"여포는 비록 지혜는 없고 단순하나 너처럼 간사하고 음험하지 않다."

아이 수준의 지능과 사고능력을 가진 사람이니 음험하려야 능력이 안 되어 음험할 수조차 없는 인물이었던 것이다. 이런 사람은 리더가 되어서는 안 된다. 조직을 망치고, 더 나쁜 것은 자신을 망친다는 것이다. 그가 자신을 망치는 과정은 안타깝지만 이런 종류의 사람들이 맞게 되는 몰락의 전범을 보여 준다.

하비성에서의 마지막 농성전. 하비성에 고립된 후, 이 조직에서 머리를 담당한 진궁은 여포에게 자신에게 성을 맡기고 밖으로 나가 진을 세워 적을 양쪽에서 경계하는 기각지세를 이뤄야 한다고 제안한다.

그는 그 말이 옳다구나 하고 나갈 준비를 하러 내실로 갔다가 울며불며 매달리는 아내의 말에 마음이 흔들려 그대로 주저앉는다. 하비성엔 식량도 많고 성 자체가 천혜의 요새이니 버텨도 되지 않겠느냐고 판단한 것이다.

이기심에 기초한 판단이었다. 생각의 능력이 없는 사람은 '내 이익이 조직의 이익'인 것처럼 곧잘 착각해 잘못된 판단을 한다.

또 하비성의 성문을 열어 준 것은 그의 부하들이었다. 오랫동안 성내에 갇혀 살면서 매일 아내들과 술만 마시다 보니 살이 찐 자기 모습을 본 여포는 아예 성내 금주령을 내린다. 자기만 안 마시면 될 것을 모두 다 마시지 말라고 한 것이다. 요샛말로 갑질이다.

그러던 중 수하 장수 후성(侯成)의 마부가 말을 훔쳐 달아나려던 사건이 일어난다. 후성이 이를 알고 쫓아가 말을 도로 찾아온다. 그러고는 이를 축하하기 위해 이전에 담가 두었던 술을 나눠 마실 생각으로 우선 여포에게 다섯 병을 들고 가 사건의 전말을 고하며 술을 바친다. 그러자 여포는 화를 벌컥 내며 후성에게 곤장을 1백 대 치도록 한다. 이 일로 부하들의 마음이 멀어진 것이다.

그는 상대의 마음을 헤아릴 능력이 없었다. '부하 마음이 내 마음'일 거라고 착각했거나 '부하들에게 자아가 없다'고 여겼는지도 모르겠다. 인간에 대한 이해와 예의가 없는 사람이 자기 기분대로 사람을 휘두르다가 되레 당하는 일이 있는데 여포가 그랬다. 그런 점에선 생각 없는 장비도 매한가지였다.

'갑질'을 하는 리더는 언제나 부하들의 원한을 사게 되고, 그 원한은 삐끗하면 자신의 목을 겨누는 칼이 되어 되돌아온다. 당하는 리더의 입장에선 '배신'이지만 부하의 입장에선 '응징'일 뿐인 이런 인간관계는 유사 이래 지금까지 끊임없이 반복되는 전형적 인간사다.

스타성 면에선 후한 말 최고지존이었던 여포에게 생각하는 머리가 있었다면 후한 말의 역사가 어찌 돌아갔을지 알 수 없다. 역사를 바꾸는 것은 단지 머리가 좋은 사람들이 아니다. 스타성을 가진 사람들이다. 스타성을 타고난 사람이 스스로 생각하는 능력도 있다면 위대한 지도자가 되고, 최소한 타인의 마음을 읽는 능력이나 바른 인성만 가져도 꽤 그럴듯한 인생을 살게 된다.

한데 하늘은 공평해서 한 사람에게 모든 걸 몰아주는 실수는 어쩌다 한 번씩만 한다.

주유

周瑜

본격적인 삼국시대를 연 적벽대전의 영웅

주유(周瑜, 175~210)

- **자**   공근(公瑾)
- **소속**   동오, 손권
- **출신**   여강군 서현(廬江郡 舒縣) 출신.
   낙양령(洛陽令)을 지낸 주이(周異)의 아들이다.
- **행적**   적벽대전 승전의 주인공.
   21세부터 손책을 따라 강동(江東, 양쯔강 하류 지방) 지역을 평정한 후,
   손책의 사후에는 손권을 보좌한다.
- **사망**   익주정벌을 준비하던 중 36세에 병으로 사망한다.

> **"**
> 하늘은 어찌하여 주유를 내고서
> 제갈량도 내셨는가?
> **"**

중국 역사를 보다 보면 상당히 신기한 것 중 하나는 역사에 큰 족적을 남긴 꽃다운 청년 영웅들이 옛 초(楚)나라 지역이던 강남에서 줄지어 나온다는 점이다. 그것도 20대에 전성기를 구가하는 특이한 경우가 대부분이다. 장강(長江)의 영기(靈氣)가 특출하기 때문인지 묘만(苗蠻) 지역의 특징인지는 알 수가 없다.

어쨌든 언뜻 떠오르는 인물만도 여럿이다. 초패왕 항우, 소패왕(小覇王) 손책, 동오의 황제가 된 손권, 유비를 죽음으로 몰고 간 육손(陸遜). 그리고 주유도 이 목록에서 빼놓을 수 없는 인물이다.

주유는 《삼국지》에서도 가장 웅장하고 화려한 전투로 기록되는 '적벽대전'을 승리로 이끈 주인공이다. 그의 나이 서른네 살 때이다. 적벽대전은 후한 말 이래 가장 큰 전투는 아니었으나 본격적으로 조조·손권·유비의 삼국시대를 여는 중요한 사건이었다. 말하자면 진짜 '삼국지'의 시작은 적벽대전부터라는 것이다.

승승장구하던 조조의 팽창을 저지하면서 유랑영웅 유비가 드디어 형주·양양 지역을 차지해 이 시대 주요한 한 축을 담당하게 되는 역사적 전기가 되었던 전쟁. 그 역사적 전환점을 마련한 것은 바로 주유였다.

　　형주 지역을 아우른 후 동오로 향한 조조가 손권에게 "함께 사냥이나 하자"는 치욕적인 편지를 보내어 항복하라고 협박하자, 강동의 명사들은 모두 손권에게 항복을 권했다. 이에 분연히 반대하며 결전을 주장한 것이 주유와 노숙이었다. 노숙은 유비와의 연합을 이끌어내는 등 외교적 성과를 이루었고, 주유는 전쟁을 도맡았다.

　　조조를 상대로 전쟁을 치른다는 것은 명분과 세력, 양면에서 모두 힘겨운 것이었다. 조조의 군대는 어찌 됐건 황제의 깃발을 앞세운 명분 있는 군사였고, 병력도 오나라 군사보다 10배 이상 많았다. 게다가 오나라 사람들은 겁을 집어먹고 항복을 주장하는 판국이었다.

　　이 어려운 전쟁에서 주유는 고육책(苦肉策)과 화공(火攻)으로 조조를 밀어붙여 마침내 승리했다. 물론 조조의 군대가 풍토병에 시달린 데다 수전(水戰)에 약했고, 수병들 대부분이 막 복속된 형주 출신의 군사였기에 충성심마저 낮았던 것 등 조조 세력 내부적으

　　　　　　　　　　　　주군보다 빛난 유아독존형

로도 여러 복잡한 사정이 얽혀 있었다. 그리고 화공을 당한 조조가 전열을 정비해 반격하며 결사항전하기보다는 스스로 남은 배를 태우고 철군해 버린 것이기는 하지만, 어쨌든 주유는 조조를 이겼다.

그러나 이 전쟁으로 가장 비극적인 운명을 맞게 되는 사람은 바로 그 '승리의 주인공'인 주유였다.

먼저 적벽대전은 '전투에선 주유가 이기고, 전쟁에선 유비가 승리했다'고 평가된다. 주유는 실컷 이겨 놓고 얻은 게 없다. 마치 유비를 위해 싸운 것처럼 유비 진영에만 좋은 일을 한 꼴이 됐다.

주유는 적벽대전에서의 화공으로 장강에서 조조를 몰아낸 뒤에도 형양 지역을 아우르기 위해 조조의 세력과 힘겨운 전쟁을 이어 나갔다. 남군을 얻기 위해 조조의 장수인 조인과 전투를 벌이다 화살을 맞았고, 결국은 그 후유증으로 이듬해에 목숨을 잃었다.

그가 이렇게 전력을 다해 전쟁을 하는 동안 제갈량은 술책을 써 남군은 물론 형주와 양양 지역의 여러 성들을 다 차지하여 유비의 깃발을 꽂아 버렸다. 이런 일을 당하고도 유비와 제갈량에게 원한이 사무치지 않는다면 사람이 아니다.

주유가 "하늘은 어째서 주유를 내고서 제갈량도 내셨느냐"고 절규하며 죽어 가는 대목은 《삼국지연의》의 묘사이고, 정사에 기록돼 있지는 않다. 하지만 이런 역사적 사실에 비추어 보면 왠지 그 랬을 것 같기도 하다.

실제로 전도양양하던 젊은 영웅 주유는 제갈량과의 '잘못된 만 남' 때문에 적벽대전 이후 억울하기 짝이 없는 일을 많이 당했고, 죽고 나서도 1,800년이 넘게 억울한 꼴을 당하고 있다. 여러 이야 기에서 제갈량에게 우롱당하고 열등감과 콤플렉스에 치를 떨다 자 기 성질에 못 이겨 죽는 캐릭터로 묘사되는 데다 정작 제갈량에겐 라이벌로 인정받지도 못하니 말이다. 주유에겐 참으로 불공평해도 한참 불공평한 일이다.

한데 《삼국지》의 애독자라면 모두 눈치채셨겠지만, 주유라는 캐 릭터는 전체 등장인물 중에서도 상당히 독특하다. 이런 역사물에 서 억울하게 죽는 장수야 한둘이 아니다. 그러나 그들은 모두 누군 가의 신하로 확실히 각인된다.

그러나 주유는? 왠지 손권의 신하로 기억되지 않는다. 그는 동 오의 대도독(大都督)이었으나 오나라의 신하가 아닌 대표선수로 그려지고, 그렇게 기억된다. 적벽대전부터 그의 죽음에 이르기까 지의 묘사를 보면 오직 주유가 보일 뿐이다. 그렇게 그는 군주인 손권의 권위를 압도하는 면모를 보여 준다.

주군보다 빛난 유아독존형

이는 그가 신하라기보다는 창업파트너였기 때문이다. 주유는 손권의 형인 손책의 동갑내기 친구로 함께 동오 지역을 평정하여 기업을 세웠다. 손책과는 동서지간이기도 한데, 손책은 교공(橋公)의 큰딸인 대교(大橋)를 아내로 맞았고, 작은딸 소교(小橋)는 주유의 아내가 되었기 때문이다. 주유는 손책이 죽은 후 그 동생인 손권의 대권을 인정하고 그를 도우며 동오의 신하가 된다.

실제로 조조와의 전쟁을 앞두고 갈등하는 손권을 붙잡아 세우고, 직접 전쟁을 치르고, 형주 지역으로 진출하고, 이후 익주를 아우르기 위해 정벌에 나서는 등의 일련의 과정에서 손권의 역할은 그다지 찾아볼 수 없다. 주유가 권유하고 손권이 동의하는 식이다.

주유 스스로도 자신의 정체성을 동오의 신하가 아닌 대표로 인식하지 않았다면 화살에 맞아 사경을 헤맨 지 1년도 안 돼 익주를 도모하겠다며 아픈 몸을 이끌고 나서지는 않았을 것이다. 그는 익주정벌을 준비하던 중에 죽는다. 진수의 《삼국지》에서는 병사하였다고 기술되고, 《삼국지연의》에서는 제갈량의 편지를 보고 격노한 탓에 화살에 맞은 상처인 금창이 터져서 죽는 것으로 묘사된다.

신하의 위치에 있었던 그는 신하로 산 적이 없었다. 창업파트너였기에 책임감이 과도했고, 동오와 자신을 지나치게 동일시하여 스스로 명을 재촉했다. 손권의 입장에서 보자면 그는 참으로 힘겹고도 껄끄러운 존재가 됐을 가능성이 크다. 가뜩이나 스스로 동오를 창업한 것도 아니었고, 아버지의 기업도 아닌 형이 창업한 기업을 물려받은 마당에 형의 창업파트너인 주유는 재능이 출중하고 성격도 만만찮았으니 말이다.

실제로 창업파트너로 그처럼 큰 공을 세우고 천수를 누린 사람은 별로 없다. 주유는 일찍 죽어 다른 분란을 경험하지 않았지만, 더 큰 공을 세우며 살아남았다면 그의 말로 역시 어떻게 됐을지 알 수가 없다. 그가 살아남아 익주를 아우르는 등의 공을 세웠다면 동오의 역사에선 또 다른 여러 구차한 사건들이 많이 일어났을지도 모를 일이다. 그랬다면 제갈량이 아닌 손권이 주유의 적수가 됐을지도 모른다.

그는 애초 비극을 잉태한 인물이었다. 살아있는 역사적 인물 주유가 아닌 소설의 등장인물로서의 주유를 생각해 본다면, 소설가의 입장에서 주유는 오히려 적절한 타이밍에 죽은 것이라고 할 수도 있을 것이다.

지나치게 큰 공을 세운 신하는 조직을 떠나는 게 천수를 누리는

주군보다 빛난 유아독존형

길이라는 것을 우리는 범려를 통해 배운다. 범려는 춘추시대 오월쟁패(吳越爭霸)에서 오나라에 패한 후 와신상담(臥薪嘗膽)했던 월나라 구천을 도와 오나라를 멸망시키고 월나라를 다시 일으키는 데 공헌한 일등공신이었다. 하지만 구천이 월나라를 되찾은 뒤에 그는 장강에 배를 띄워 나라를 떠났고 장사를 하여 '장사의 신'이 된다.

반면 범려와 함께 월나라 수복에 공을 세운 문종은 범려가 '토사구팽'을 염려하며 떠나라고 했음에도 남았다가, 결국은 자결을 명받아 죽임을 당한다.

남의 조직에서 지나치게 큰 공을 세웠으면 재빨리 떠나는 것이 제명대로 사는 길인지도 모른다.

관우
關羽

'신'의 자리에까지 오른 무성(武聖)

관우(關羽, ? ~ 220)

- **자** 운장(雲長), 장생(長生)
- **시호** 장목후(壯繆侯)
- **소속** 촉한, 유비
- **출신** 하동군 해현(河東郡 解縣)
- **행적** 유비, 장비와 도원결의(桃園結義)를 맺고 촉의 건국까지 함께한 인물이다.
           죽은 후 민간신앙의 대상이 되며 신격화까지 되었다.
- **사망** 손권의 군대에 붙잡혀 참수되었다.

> *獨行斬將*
> **홀로 5관의 장수를 베며**
> **하북으로 가다**

유비는 황제가 되었고, 관우는 신(神)이 되었다.

　도원결의를 맺고 의형제가 되었다는 유비·관우·장비 삼형제의 이야기는 인류사에 기록으로 남은 '흙수저' 성공담 중에서도 가장 짜릿하고 감동적인 스토리다. 게다가 주인공 단 한 사람이 우뚝 솟아나 나머지 사람들은 그를 잘 따른 덕에 잘 먹고 잘 살았다는 다른 이야기에서와는 달리, 등장하는 개개인이 대서사극의 주인공이니 말이다.

　특히 관우의 명성과 그에게 쏟아지는 찬사며 사랑은 유비 집단의 누구와 견주어도 앞서면 앞서지 떨어지지 않는다. 그는 의리와 충의의 상징인 동시에 중국에선 아예 신격화된 존재로까지 추앙받는다. 유불도(儒佛道) 3교에서 모두 그렇다.

　우선 그는 공자(孔子)와 함께 성인(聖人)의 칭호를 받은 인간이다. 공자는 문성(文聖), 그는 무성(武聖)으로 불린다. 불교에선 호법신(護法神) 가람보살(伽藍菩薩)로, 도교에선 문형성제(文衡聖帝),

관우

283

협천대제(協天大帝), 익한천존(翊漢天尊) 등으로 불리고, 중국 민간 신앙에선 재신(財神)으로 추앙된다.

그러나 업적과 행적 그리고 능력만 놓고 보자면, 그에게 돌려진 놀라운 명성은 좀 미스터리하다. 실제로 '관우'하면 등장하는 온갖 미담사례는 허구이거나 분식된 경우가 대부분이다. 특히《삼국지 연의》에 등장하는 수많은 미담이 그렇다. 특히 그의 명성을 결정짓는 몇 가지 사례들은 실제로 일어나지도 않은 창작물이라는 증거까지 있다.

먼저 '술이 식기 전에'라는 유명한 문구를 낳은 반(反)동탁 연맹에서의 활약상.

소설의 묘사는 이렇다. 18로 제후들이 동탁을 응징하겠다며 모인 반동탁 연맹에서 다른 제후의 장수들이 동탁의 부장인 화웅[華雄, 본명은 섭웅(葉雄)이라는 설도 있음]을 이기지 못해 쩔쩔매고 있는데, 일개 평원군 마궁수였던 관우가 나서서 단칼에 화웅의 목을 베어 온다. 출전 전에 조조가 관우에게 술 한 잔을 권하는데, 관우는 돌아와서 마시겠다며 술을 남겨 두고 나아가고, 술이 식기도 전에 화웅의 목을 베고 돌아와 그 술을 들이켰다는 것이다.

주군보다 빛난 유아독존형

그러나 실제로 화웅의 목을 벤 인물은 손견이라는 게 정설이다. 또 유비 집단이 반동탁 연맹에 참여했는지조차도 불확실하다. 당시에는 워낙 신분이 미미했던 터라, 공손찬을 따라 출전했을 수는 있으나 역사적 기록에는 남아 있지 않다.

그러니 《삼국지》 명장면 중 하나인 '호뢰관(虎牢關) 삼전', 즉 여포를 상대로 유비 삼형제가 합을 겨루는 그 아름다운 장면도 그저 소설의 한 장면일 뿐인 것이다.

물론 이 장면의 경우 실제 역사는 어떻든 소설가의 관점에서 소설의 플롯을 구성하는 데 빠져서는 안 되는, 전체 소설의 흐름상 가장 강한 복선이 되는 매우 중요한 대목이다. 소설가 나관중의 천재성에 무릎을 치게 되는 장면이기도 하다. 이 장면의 소설적 중요성은 이렇다.

반(反)동탁 연맹은 동탁을 제거하는 데 성공하지 못했다. 실제 동탁 군과의 전투에도 오직 조조와 손견만 나섰을 뿐, 나머지 제후들은 서로 사교를 하거나 싸움을 벌여 말도 많고 탈도 많았다.

그런데 여기에 복선이 있다. 당시 실제로 전투를 벌였던 조조와 손견(동오를 세운 손책과 손권의 아버지)은 이후 삼국의 두 축인 위(魏)와 동오(東吳)의 주인공이다. 그러니 소설가의 관점에서 보면,

여기에 촉(蜀)나라를 여는 유비까지 함께 얹어서 "이들이 앞으로 삼국의 주인공이다"라고 제시하지 않을 수 없었다.

소설적 플롯을 구성하는 데에선 완벽했고 스토리도 강력했다. 덕분에 관우는 아무 한 일도 없이 가장 강한 무장이라는 이미지를 얻었다.

조조에게 의탁하던 관우가 백마전투에서 원소의 두 맹장인 안량과 문추를 베는 장면 역시 각색된 것이다. 안량을 베었다는 기록은 관우의 실제 무공 중 가장 화려하고 큰 부분이기도 하다. 그러나 문추는 아니다. 관우가 문추를 베었다는 기록은 없다. 문추는 조조군의 압박으로 죽임을 당했을 뿐 관우와 대적하지는 않았다.

그의 의기와 충절을 집약한 '독행오관참육장'(獨行五關斬六將)도 허구라는 설이 압도적이다. 조조에게서 후한 대접을 받던 중 유비가 하북에 있다는 소식을 듣고 찾아 나선 관우가 5개의 관문을 지나면서 앞을 가로막는 6명의 장수를 죽이고 갔다는 이 이야기는 실제 역사에서는 기록을 찾을 수 없다.

또 관우를 은혜는 반드시 갚는 의로운 인간으로, 중국식 보복·보은의 정신인 '협(俠)의 화신'으로 등극시킨 '화용도' 일화. 이는 화용도에서 매복하고 있었던 관우가 적벽대전에서 패하고 도망을 가는 조조를 살려 보냈다는 일화다. 관우는 화용도로 가면서 제갈량에게 '조조를 살려 보내면 목숨을 내놓겠다'는 각서까지 썼던 터였다. 이렇게 자기 목숨이 걸린 일이었음에도 조조를 살려 보낸 것은 그야말로 '보은의 극치'라 할 것이다. 그러나 이 이야기 역시 실재한 사건이라고 보기는 어렵다.

반면에 그는 자신이 지휘했던 전쟁에서 이긴 사례가 별로 없다. 우선 서주가 조조에게 함락된 후 홀로 하비성을 지키던 관우는 결국 투항해 조조의 장수가 되고, 백마전투에 투입된다.

관우의 대표적인 승전 기록이라고 하면 유비가 한중을 취한 후 번성(樊城)공략을 이끌며 우금의 칠군을 수장시킨 일이다. 그러나 바로 그 뒤에 오나라 여몽(呂蒙)의 기습으로 형주가 함락된다. 관우는 형주에 남겨둔 부하들의 잇단 배신으로 몸 둘 곳이 없어 맥성(麥城)으로 쫓기고, 결국 오나라 군에 붙잡혀 참수를 당한다.

촉 땅으로 떠난 유비와 제갈량 대신 형주를 맡은 그가 죽임을 당하기 전까지 보여 준 리더십은 실제로 영 미덥지 못하다. 촉을 얻기 위한 전쟁에서 방통이 전사하자 제갈량은 이 전쟁을 이끌기 위해 촉 땅으로 가면서 관우에게 여덟 글자만을 남긴다.

"북거조조 동화손권"(北拒曹操 東和孫權).

즉, 북으로 조조를 막고 동으로 손권과 화친하라는 말이다. 그러나 그는 사돈을 맺자는 손권의 청에 망신을 주는가 하면, 오히려 동오를 적으로 돌리는 행위를 일삼는다.

또 그는 부하들에게도 모질게 대해 자신이 원정 나가 있는 동안 배신을 저지를 빌미를 제공하기도 한다. 이때 보여 준 그의 말과 행동을 되짚어보면 일종의 '도덕적 선민의식'에 사로잡힌 '꼰대'들의 그것과 비슷하다.

특히 그를 배신한 부하 중엔 유비의 처남인 미방(糜芳)도 있었다. 그와 그의 형 미축(糜竺)은 서주 시절부터 집도 절도 없이 떠돌던 유비에게 군자금을 대 주며 생사고락을 함께했던 동지였다. 그런 사람까지 배신하게 만든 건 그의 리더십에 뭔가 심각한 문제가 있었음을 단적으로 보여 준다.

그런데 왜 역사는, 사람들은 1,800년이 넘도록 관우에게 그토록 열광하는 것일까. 나는 관우를 보면서 한 인간에 대한 평가는 개인의 인성과 재능보다 '인연'(因緣)에 기인한다는 생각을 하게 된다. 즉, 어떻게 살았느냐보다 누구와 함께 했느냐가 더 중요할 수 있다는 말이다.

주군보다 빛난 유아독존형

먼저 유비와의 인연. 살인을 저지른 수배범이었던 '도망청년' 관우가 유비를 만나 영웅호걸의 길로 가게 된 것은 극적인 대반전 드라마다. 만약 유비와 만나지 못했다면 관우는 홀로 빛나지 못했을 것이다.

그러나 관우의 명성을 결정지은 인연은 조조와의 만남이었다. 사실 유비 역시 조조가 있어서 존재가치가 빛났던 인물이다. 유비는 "나는 평생 조조와 반대로 움직여 명성을 쌓았다"고 회고하기도 하였다. '라이벌의 경쟁력'을 타고났던 것이다.

이에 비해 관우는 조조와의 관계를 통해 중국인들이 신봉하는 '협'(俠)의 화신, 협의 실천자로 각인될 수 있었다. 협은 원한과 은혜를 확실하게 하여 원한에는 기필코 복수하고 은혜도 반드시 갚는다는, 단순하면서도 비(非)성찰적이지만 중국에서는 아주 강하게 이어지는 독특한 정신세계다.

관우처럼 강렬하게 협을 실천한 인물은 많지 않다. 관우는 하비성에서 조조에게 투항하면서 형님(유비)을 찾으면 떠나겠다는 약조를 받아내고, 실제로 유비의 행방을 알자마자 즉시 조조의 곁을 떠난다. 이는 말이나 글로는 쉽지만 행동으로 옮기기는 쉽지 않은 일이다.

조조는 강력한 권력자였고, 관우에게 부귀영화를 안겨 주었고, 극진히 대접했다. 조조 진영은 지금으로 치자면 4대 재벌 기업 중 하나였다. 반면 유비는 집도 절도 없이 도망치는 신세였고, 당시엔 손님인지 인질인지 모를 애매한 위치로 원소 진영에 몸을 의탁하고 있어 관우까지 거둘 형편도 못 됐다. 관우가 조조 곁을 떠난다는 것은 풍찬노숙(風餐露宿)의 여정으로 들어선 것이나 마찬가지였다. 게다가 관우는 원소의 에이스급 장수인 안량을 죽인 인물이므로 원소 진영에 갔다가는 자기 목숨도 위태로워질 수 있었다. 동시에, 자신이 잠시나마 모셨던 조조와도 적으로 갈라져야 하는 참으로 어려운 상황이었다.

그럼에도 불구하고 그는 망설임 없이 유비에게로 갔다. 그 과정을 미화하기 위해 독행참장이니 뭐니 하는 각종 창작물이 쏟아진 것이다. 이렇게 이해득실을 따지지 않는 '우직함', '의리' 같은 것들은 동서고금을 막론하고 사람들에게 가슴 먹먹하도록 진한 감동을 준다.

관우의 이름을 위대하게 만든 더욱 결정적인 이유는 어쩌면 조조를 향한 중국인들의 반감 때문이었는지도 모른다. 전한(前漢)과 후한(後漢) 사이에 잠시 신(新)나라를 개국한 왕망(王莽)에 이어,

조조는 신하의 자리에서 유사찬탈로 천하를 차지한 인물이다. 왕망의 신나라는 우여곡절 끝에 얼마 가지 못하고 한나라 황실의 자손인 광무제(光武帝)에 의해 후한의 역사가 다시 이어진다.

그러나 후한 말은 사정이 달랐다. 조조는 본인이 황제에 오르지는 않았지만 아들 대에서 황제의 자리를 찬탈할 수 있는 환경을 조성했다. 그에 이어 사마의 부자가 조조 부자와 똑같은 짓을 저질렀고, 이후 역사는 후한 말과 다름없는 위진남북조(魏晉南北朝)의 혼란기로 이어졌다.

이렇게 혼란기를 초래하였기에, 조조라는 희대의 천재는 '역사적 밉상'이 될 수밖에 없었던 것이다. 그런 조조의 호의를 저버리고, 나중엔 천도까지 고려할 만큼 그를 궁지로 몰아넣었던 인물이라는 점에서 관우는 대중의 가슴속에 후련함을 선사하기도 했다.

나는 바로 이런 점들 때문에 대중이 관우의 개인적 약점을 모두 감춰 주고서라도 신격화시키고 싶어 했던 것 아닐까 생각한다.

그래서 관우에게서는 배울 만한 처세의 기술이 없다. 그는 그저 역사를 지나간 특별한 인물이었을 뿐이다. 관우는 관우만이 할 수 있는 방식으로 살았고, 관우였기에 그와 같은 명성을 얻을 수 있었던 것이다.

"지성이 추구해야 할
최종 목적지는
권력이 아니라 사람을
지켜내는 것이다"

적우敵友 한비자와 진시황

최고의 책략가 한비자와 최초의 패왕霸王 진시황
적이자 벗이었던 두 영웅의 이야기

적국의 왕과 사신으로 만난 한비자와 진시황. 그러나
두 사람은 서로를 가장 깊이 이해한 '적우'(敵友)였다.
천하의 운명을 걸고 충돌하는 정치책략의 소용돌이
속을 걸어가는 두 영웅의 장대한 서사를 따라가면 다
채로운 고전의 지혜가 서로 엮이며 눈앞에 펼쳐진다.
《余流 삼국지》의 작가 양선희가 현대적 감각으로 되
살려낸 이들의 이야기에서 단편적 역사와 오해를 넘
어선 한비자의 치열한 사상가적 면모를 읽을 수 있다.

신국판 | 380면 | 14,800원

거짓을 진실하게
말할 수 있는
유일한 하루 만우절,
그날이 말하는
거짓과 진실의 역설!

카페 만우절

만우절의 역설을 사랑한 천재 예술가 민은아
그녀의 진실을 찾기 위해 싸우는 기자 한승애
그들을 둘러싼 말은 과연 진실을 전달하는 도구인가?

천재 희곡작가 민은아를 밀착하여 취재해 온 문화부
기자 한승애. 민은아와 그의 어머니인 시인 윤세린이
잇따라 죽음을 맞이하자 한승애는 모녀의 죽음 속 감
춰진 진실을 찾기 위해 수많은 거짓과의 치열한 퍼즐
게임을 시작한다. 스캔들을 밝히는 데 혈안이 된 '언
론'과 그 중심에 섰던 천재 예술가 모녀. 그 실상을 통
해 말들이 만들어 내는 비열한 욕망과 의도적인 오해,
우리 삶의 진실의 뒤틀림, 그 속의 공허함과 역설이
적나라하게 드러난다.

신국판 | 252면 | 11,800원